Hermeneutik
Ästhetik
Praktische Philosophie

HANS-GEORG GADAMER
im Gespräch

Herausgegeben von
CARSTEN DUTT

3. Auflage

Universitätsverlag
C. WINTER
Heidelberg

Die Deutsche Bibliothek – CIP-Einheitsaufnahme

Gadamer, Hans-Georg:
Hermeneutik – Ästhetik – praktische Philosophie:
Hans-Georg Gadamer im Gespräch /
hrsg. von Carsten Dutt. – 3. Aufl. –
Heidelberg: Winter, 2000

Nebent.: Hans-Georg Gadamer im Gespräch
ISBN 3-8253-1052-3
NE: Dutt, Carsten: Hans-Georg Gadamer im Gespräch

Lizenzausgaben sind in französischer, italienischer,
japanischer und spanischer Sprache erschienen.

ISBN 3-8253-1052-3 3. Auflage

ISBN 3-8253-0312-8 2. Auflage
ISBN 3-8253-0000-5 1. Auflage

Imprimé en Allemagne · Printed in Germany
Druck: Strauss Offsetdruck GmbH, 69509 Mörlenbach

Vorwort

Der vorliegende Band bietet den überarbeiteten, mit Zitatnachweisen und einigen Anmerkungen versehenen Text eines Interviews, das ich Anfang dieses Jahres mit Professor Gadamer geführt habe. Der Titel nennt die Bereiche, zu denen ich gefragt habe.

Im Zentrum des ersten Interviewabschnitts steht Gadamers Diskussion des Verstehens in den Geisteswissenschaften. Seine These von der wirkungsgeschichtlichen Bedingtheit und der Applikationsstruktur hermeneutischer Prozesse öffnet den Blick auf die reflexive Dimension unserer geisteswissenschaftlichen Unternehmungen. Die Bewahrung und Aufarbeitung der Überlieferung der Welt ist als rein antiquarische Forschung und methodische Sachbeherrschung unangemessen beschrieben. Ihr eigentlicher Ausgangspunkt und Relevanzgesichtspunkt liegt in der Frage nach uns selbst. Gadamer spricht von einem Gespräch mit der Überlieferung, in welchem ihre Interpreten immer auch zu einem neuen, einem erweiterten Selbstverständnis geführt werden.

Daß das Gespräch mit der Überlieferung in eine Welt des Gesprächs, in ein hermeneutisches Universum eingebettet ist, in dem jeder als der Andere des Anderen lebt und nur in der Verständigung mit ihm ein gelingendes Leben führen kann, bildet sich am Ende des ersten Interviewabschnitts ab. Dort ist von der umfassenden Thematik der von der Mitte der Sprache ausgehenden hermeneutischen Philosophie, von der kommunikativen Verfassung unserer Lebensform die Rede.

Im zweiten Teil des Interviews sind einige Fragen zur hermeneutischen Ästhetik formuliert. Anders als im ersten Teil stellt nicht Gadamers Hauptwerk *Wahrheit und Methode*, sondern eine spätere Arbeit den Bezugstext. An ihr wird deutlich, daß die Aufdekkung der Sinnorientierung, des verstehenden Grundzuges der ästhetischen Erfahrung nicht mit einer Gleichsetzung von ästhetischem und nicht-ästhetischem Verstehen verwechselt werden darf. Die Untersuchung der Eigenart der an die Begegnung mit Kunstwerken gebundenen Verstehensprozesse steht im Zentrum des durch die hermeneutische Ästhetik erschlossenen Aufgabenfeldes. Im Unterschied zur Struktur der Sinnaneigung in pragmatischen Kontexten, in denen der jeweilige Sinnträger schließlich, nach welchen Schwierigkeiten immer, in einer gelungenen Sinnkonstruktion aufgeht, kennt das Verstehen von Kunst, das Lesen eines Bildes oder eines eminenten Textes, einen solchen Abschluß nicht: „Das Verstehen erfährt im Dasein des Werkes die Tiefe und Unergründlichkeit seines Sinnes."

Der dritte Teil des Gesprächs, der aus Anlaß von Gadamers 93. Geburtstag am 11. Februar dieses Jahres in leicht gekürzter Form in der Rhein-Neckar-Zeitung erschienen ist, behandelt Fragen der praktischen Philosophie, deren tragende Einsicht sich für Gadamer in dem Begriff der bestehenden Solidarität ausspricht. Praktische Philosophie, die als Ethik nach dem Guten fragt, kann ihre Arbeit nur als Selbstaufklärung eines konkreten Ethos leisten: „Wir sind nicht dazu da Solidaritäten zu erfinden, sondern sie uns bewußt zu machen."

Daß Gadamer die Aufgabe der Philosophie grundsätzlich in dieser Weise versteht, hat er wiederholt erklärt: „Philosophieren (. . .) hat die ihrem ursprünglichen Sagesinn entfremdete Sprache der

Philosophie (. . .) auf die unser Sprechen tragenden Gemeinsamkeiten zurückzuführen."* Auch im folgenden kommt diese Absicht zur Geltung. Ob Gadamer über das Wesen der Erfahrung, über das Gespräch, die Verständigung im Gespräch, über das Lesen oder über den Verwendungssinn des Wortes „klassisch" spricht, stets werden die Begriffe aus den hermeneutischen Ressourcen der Lebenswelt gewonnen, aus der Solidarität unseres Verstehens diesseits spezialistischer Diskurse aufgeklärt.

Für seine Gesprächsbereitschaft und seine freundliche Geduld bei der Auswertung des umfangreichen Tonbandmaterials möchte ich Herrn Gadamer danken.

Heidelberg, Ostern 1993 *Carsten Dutt*

---

* „Selbstdarstellung", in *Gesammelte Werke,* Band 2, S. 479–508; hier S. 498. (Die vollständigen Angaben zu den zitierten Veröffentlichungen Gadamers finden sich in der Auswahlbibliographie am Ende des Bandes. Die Nachweise der in das Literaturverzeichnis nicht aufgenommenen Zeitschriftenveröffentlichungen erscheinen in den Anmerkungen.)

I

Dutt: Der Titel „Hermeneutik“, mit dem Ihr Denkweg, Herr Gadamer, verbunden ist, war ursprünglich kein philosophischer Titel. Konsultiert man ein Lexikon, so findet man unter diesem Stichwort in der Regel an erster Stelle die Erläuterung „Auslegungskunst“ oder „Auslegungslehre“. Als solche hat die Hermeneutik eine lange Geschichte. Vielleicht darf ich Sie zunächst nach dieser Geschichte, der Vorgeschichte der philosophischen Hermeneutik fragen.

Gadamer: Man kann von der ursprünglichen Bedeutung von *hermeneia* und „Hermeneutik“, dem Übersetzen und Auslegen, aus wohl deutlich sehen, in welcher Lage das frühe Christentum sich gegenüber der griechischen Philosophie befand und wie Augustin in *De doctrina christiana* versucht hat, die Art, wie man von der christlichen Botschaft zu reden habe, auf den Begriff zu bringen. *Homo timens Deum, voluntatem eius in Scripturis sanctis diligenter inquirit*[1]. Sie werden den berühmten Text kennen. Nun, – das ist dann im Mittelalter durch die Scholastik in einer großartigen geistigen Leistung durch die Rezeption der aristotelischen Metaphysik überformt worden. Erst durch Luther und vor allem durch Melanchthon hat die Hermeneutik für die Bibel-Lektüre ihre neue Funktion erhalten, indem sie nämlich mit den Mitteln der aristotelischen Rhetorik beschrieben wurde. Sie trat damit an die Seite der Gesetzesauslegung in der neuen Jurisprudenz. In Abgrenzung von der neuzeitlichen Gestalt der Wissenschaft und ihrer

1 *De doctrina christiana. Patrologia latina,* hrsg. von Jacques-Paul Migne, XXXIV, Paris 1845, Liber III, cap 1,1, S. 65.

mathematischen Ausbildung entwickelte sich mit der humanistischen Ausbreitung der Lesekultur die Hermeneutik als die Auslegungshilfe beim Verstehen von Sätzen und Texten überhaupt.

Im Zeitalter der Romantik haben dann Schleiermacher und Friedrich Schlegel gezeigt, daß alles Verstehen immer schon Auslegung ist. Mit lateinischen Namen unterschied man im 18. Jahrhundert die *subtilitas intelligendi,* das Verstehen, von der *subtilitas explicandi,* dem Auslegen. Die Romantik hat die Einheit dieser beiden Vollzugsmomente erkannt und damit die universale Rolle der Sprache. Man darf sich die Sache nämlich nicht so vorstellen, als ob die auslegenden Begriffe zum Verstehen nachträglich hinzutreten, indem man sie gleichsam aus einer sprachlichen Vorratskammer herbeizieht und an das ‚Verstandene' nach Bedarf heranführt. Das ist eine völlig falsche und heute eigentlich nicht mehr vertretene Auffassung. Das Verstehen greift nicht nach der Sprache, sondern es vollzieht sich in der Sprache.

In unserem Jahrhundert hat dann Heidegger im Anschluß an Dilthey den entscheidenden Denkschritt getan, und im Anschluß daran habe ich selber unter Einschränkung der Geltungsweite des wissenschaftlichen Methodenbegriffs gezeigt, daß in allem Verstehen als drittes Vollzugsmoment Sich-selbst-Verstehen liegt, – eine Art Anwendung, die man im Pietismus die *subtilitas applicandi* nannte. Nicht nur das Verstehen und Auslegen, sondern auch das Anwenden, das Sich-selbst-Verstehen, ist Teil des einen hermeneutischen Vorgangs. Ich gebe gerne zu, daß der zufällige, sich geschichtlich anbietende Begriff der Applikation künstlich und irreführend ist. Aber ich habe nicht damit gerechnet, daß man meinen könnte, daß man Verstehen auf etwas anderes anwende. Nein, – ich meine, man soll es auf sich selbst anwenden.

Dutt: Mit dem Applikationsmoment, das in allem Verstehen enthalten ist, haben Sie jetzt schon einen sehr wichtigen Punkt bezeichnet, der mich natürlich interessiert und den ich auch gerne aufgreifen möchte. Wir haben ja vereinbart, über einige Resultate Ihrer Arbeit zu sprechen. Vielleicht können wir trotzdem vorerst bei Ihren Voraussetzungen bleiben. Den Namen Ihres Lehrers Martin Heidegger haben Sie eben selbst genannt. In der Geschichte der Hermeneutik bedeutet die von Heidegger im Rahmen seiner ontologischen Fragestellung entwickelte „Hermeneutik der Faktizität“[2] die Neuerung, die für Ihren eigenen Einsatz grundlegend geworden ist. Nun ist die Philosophiegeschichtsschreibung legitimerweise damit beschäftigt, die Schroffheiten des Neuen abzuschleifen, seine Vorstufen und Ankündigungen zu identifizieren. Das gilt natürlich auch für Heidegger, für den in bezug auf die Hermeneutik Dilthey der wichtigste der einschlägigen Namen ist. Sie haben ihn ebenfalls genannt. Vielleicht darf ich meine Frage nach Heideggers Hermeneutik der Faktizität mit der Frage nach ihrem Verhältnis zu Diltheys Verstehensanalysen verbinden.

Gadamer: Die Debatte über die Hermeneutik ist in unserer gegenwärtigen Situation in der Tat von der Frage beherrscht, wie der Einfluß Diltheys für die Ausbildung der hermeneutischen Philosophie einzuschätzen ist. Gewiß hat Diltheys Werk dem jungen

---

2 S. neben *Sein und Zeit* die frühe Freiburger Vorlesung *Ontologie – (Hermeneutik der Faktizität),* hrsg. von Käte Bröcker-Oltmanns, Frankfurt/Main 1988 (= *Gesamtausgabe,* Band 63).

Heidegger wesentliche Anstöße für die Weiterentwicklung und Umgestaltung der Husserlschen Phänomenologie vermittelt. Aber bei Dilthey ging es um die Psychologie. Erst als Heidegger die Hermeneutik der Faktizität, das heißt des faktischen, sich vorfindlichen menschlichen Daseins entwickelte und 1927 in *Sein und Zeit* veröffentlichte, griff durch Misch die Dilthey-Schule in die Entwicklung der Hermeneutik ein[2a].

Inzwischen hat man geradezu von der Hermeneutik als der wahren *Koine* des Philosophierens in unserer Zeit gesprochen. Warum soll da die Hermeneutik bei Heidegger eine so besondere Bedeutung haben, zumal Heidegger später sogar die Bezeichnung verworfen hat. Meine Antwort ist, daß erst Heidegger uns die Augen geöffnet hat, daß wir es hier mit dem Begriff des Seins zu tun haben. Heidegger hat sich gewiß nicht ohne den Anstoß durch Dilthey, durch Bergson und durch seine Aristoteles-Studien dahin geführt gesehen, Sein im Horizont der Zeit und von der Bewegtheit des menschlichen Daseins aus zu denken, das sich auf seine Zukunft entwirft und aus seiner Herkunft kommt. So hat er Verstehen als ein Existenzial ausgezeichnet, das heißt als eine kategoriale Grundbestimmung unseres In-der-Welt-Seins. Von da aus gesehen zielte Heidegger gar nicht auf eine Theorie der Geisteswissenschaften oder auf eine Kritik der historischen Vernunft, wie Dilthey es sich als Aufgabe gestellt hatte.

Freilich blieb die Aufgabe, den philosophischen Aufbruch Heideggers auch für das Verstehen in den Geisteswissenschaften geltend zu machen, und so habe ich selber dazu beizutragen gesucht. Worauf es

---

2a Georg Misch, *Lebensphilosophie und Phänomenologie. Eine Auseinandersetzung der Diltheyschen Richtung mit Heidegger und Husserl.* Bonn 1930.

mir jedoch ankam, war, die Sprachlichkeit des Menschen nicht nur der Subjektivität des Bewußtseins und der in ihr gelegenen Sprachfähigkeit zu überlassen, wie das noch im deutschen Idealismus und bei Humboldt der Fall ist. Vielmehr habe ich das Gespräch ins Zentrum der Hermeneutik gerückt. Welche Wendung darin liegt, mag Ihnen an einem Hölderlin-Wort klarwerden. Heidegger hat die dialektische Versöhnung mit dem Christentum, wie die ganze nach-hegelsche Epoche, nicht mehr annehmen können. Er hat mit Hölderlin das Wort gesucht. „Seit ein Gespräch wir sind / Und hören können voneinander“ hat er als das Gespräch der Menschen mit den Göttern verstanden[3]. Vielleicht mit Recht. Aber die hermeneutische Wendung, die in der Sprachlichkeit des Menschen gründet, schließt im „einander“ jedenfalls auch uns ein, und darin liegt zugleich, daß wir als Menschen zu lernen haben. Es kommt nicht nur darauf an voneinander zu hören, sondern aufeinander zu hören. Das erst ist Verstehen.

Dutt: In Ihrem 1960 erschienenen Hauptwerk *Wahrheit und Methode* sind die beiden Stränge Ihrer Arbeit nach Heidegger, die Diskussion des Verstehens in den Geisteswissenschaften und die sprachtheoretische Begründung der Hermeneutik, durch den zweiten und den dritten Teil repräsentiert. Der erste Teil des Buches entwickelt eine hermeneutische Perspektive auf die Erfahrung von Kunst. Wenn Sie gestatten, möchte ich mich für unser Gespräch von dieser Aufbauordnung lösen und bei jenem Teil einsetzen, der international die größte Resonanz gefunden hat, bei dem Teil zu den Geisteswissenschaften.

---

3 Vgl. Martin Heidegger, *Erläuterungen zu Hölderlins Dichtung*, Frankfurt am Main 1952, S. 36 f.

In bezug auf dieselben annonciert die Einleitung zu *Wahrheit und Methode* den „Versuch einer Verständigung über das, was die Geisteswissenschaften über ihr methodisches Selbstbewußtsein hinaus in Wahrheit sind und was sie mit dem Ganzen unserer Welterfahrung verbindet"[4]. Worauf geht die Blickwendung, die Sie vorschlagen? Worin liegt der Unterschied zur methodologischen Thematisierung dieser Wissenschaften?

Gadamer: Schon der Begriff „Methode" in dem Titel meines Buches zeigt den Unterschied an. Ich habe nicht – wie etwa Betti in der Auseinandersetzung mit Groce und Gentile – die Methoden der ursprünglichen theologischen und juristischen Hermeneutik auf andere Fächer ausgedehnt, um damit dem Methodenbegriff die notwendige Anwendungsweite zu sichern, sondern ich habe zu zeigen versucht, daß der Begriff der Methode als Legitimationsinstanz der Geisteswissenschaften unangemessen ist. Es geht hier nicht um die Behandlung eines Gegenstandsgebietes durch unser Verhalten. Die Geisteswissenschaften, für die ich eine Lanze breche, indem ich ihnen eine angemessenere theoretische Rechtfertigung anbiete, gehören vielmehr selber in den Erbgang der Philosophie. Sie unterscheiden sich von den Naturwissenschaften nicht nur durch ihre Verfahrensweisen, sondern auch durch ihre vorgängige Beziehung zu den Sachen, durch die Teilhabe an der Überlieferung, die sie immer wieder neu für uns zum Sprechen bringen. Aus diesem Grunde habe ich vorgeschlagen, das Ideal der objektiven Erkenntnis, das unsere Begriffe von Wissen, Wissenschaft und Wahrheit beherrscht,

---

4 *Gesammelte Werke,* Band 1, S. 3.

durch das Ideal der Teilhabe, der Partizipation zu ergänzen. Die Partizipation an den wesentlichen Aussagen menschlicher Erfahrung, wie sie sich in der künstlerischen, der religiösen und der geschichtlichen Überlieferung nicht nur unserer, sondern aller Kulturen ausgebildet haben, – diese mögliche Partizipation ist das eigentliche Kriterium für den Reichtum oder die Armseligkeit geisteswissenschaftlicher Resultate. Sie können das auch anders ausdrücken und sagen: In allen Geisteswissenschaften steckt Philosophie, die nie ganz zum Begriff kommen kann.

Dutt: Ihre Kritiker haben in dieser Argumentation eine Absage an Methodik überhaupt gesehen. Man hat den Titel Ihres Buches als „truth *versus* method"[5] interpretiert.

Gadamer: Nun, diese Interpretation weckt die einseitige Vorstellung, als ob es keine Methoden in den Geisteswissenschaften gäbe. Natürlich gibt es die, und man muß sie lernen und anwenden. Aber ich würde doch sagen, *warum* wir Geisteswissenschaften treiben, das können wir dadurch, daß wir bestimmte Methoden auf bestimmte Gegenstände anwenden können, nicht begründen. Daß man Naturwissenschaften treibt, weil es in ihnen letzten Endes darum geht, auf eigenen Füßen zu stehen, sich zu orientieren und durch Messung, Berechnung und Konstruktion die uns umgebende Welt zu beherrschen, so daß es sich – jedenfalls der Intention nach – besser leben und überleben läßt als in der gegen uns gleichgültigen Natur, das ist selbstverständlich. Aber in den Geistes-

5 So Ernst Tugendhat in seiner Rezension „The Fusion of Horizons" in *Times Literary Supplement* 19. 5. 1978, S. 165; jetzt in Ernst Tugendhat, *Philosophische Aufsätze,* Frankfurt am Main 1992, S. 426–432; hier S. 428.

wissenschaften ist von solchem Beherrschen der geschichtlichen Welt nichts. Die Geisteswissenschaften bringen durch ihre Form der Teilhabe an der Überlieferung etwas anderes in unser Leben ein, das nicht ‚Herrschaftswissen'[5a] ist und doch nicht weniger wichtig ist. Wir nennen es üblicherweise „Kultur".

Dutt: Es geht also um eine über die methodologische Selbstverständigung der geisteswissenschaftlichen Disziplinen hinausgehende Besinnung. . .

Gadamer: . . . auf ihren philosophischen Gehalt, – der den Begriff der Methode relativiert, nicht etwa aufhebt!

Dutt: Diese Klärung ist wichtig.

Gadamer: Natürlich, sonst geraten wir vor falsche Alternativen. Als Werkzeuge sind Methoden immer gut. Nur, – wo diese Werkzeuge mit Gewinn eingesetzt werden können, darauf muß man sich verstehen! Methodische Sterilität ist eine allgemein bekannte Erscheinung. Es gibt immer wieder die Anwendung wohlbewährter oder auch bloß modischer Methoden auf unergiebige Sachgebiete. Was macht denn eigentlich den produktiven Geisteswissenschaftler? Was macht einen Ernst Robert Curtius und einen Leo Spitzer? Daß er die Methoden seines Fachs beherrscht? Das tut auch der, der nie etwas Neues herausfindet, nie eine Interpretation von wirklich aufschließender Kraft zustande bringt. Nein, – nicht schon die Methodenbeherrschung, sondern die hermeneutische Phantasie ist die Auszeichnung

---

5a Der Begriff stammt von Max Scheler. Vgl. die von ihm getroffenen Unterscheidungen in *Die Wissensformen und die Gesellschaft* (1926), 2. Aufl. mit Zusätzen hrsg. von Maria Scheler, Bern und München 1960 (= *Gesammelte Werke,* Band 8), S. 200–211.

des produktiven Geisteswissenschaftlers! Und was ist hermeneutische Phantasie? Das ist der Sinn für das Fragwürdige und das, was es von uns verlangt.

Übrigens ist ja das Thema sehr ernst zu nehmen, ob es insofern nicht auch in den Naturwissenschaften eine Hermeneutik gibt. In der neueren Wissenschaftstheorie ist das seit Thomas Kuhn mittlerweile öfters zur Sprache gekommen, und zwar vor allem deswegen, weil die vernünftige Anwendung naturwissenschaftlicher Ergebnisse auf die Praxis des Lebens nicht von den naturwissenschaftlichen Methoden geleistet wird, – wie Kant gesagt hat: Es gibt keine Regel, wie man Regeln richtig anwenden lernt.

Dutt: In der Bildung naturwissenschaftlicher Wissensfelder steckt ja auch eine hermeneutische Struktur.

Gadamer: Natürlich! Und Sie können noch weiter gehen und die Frage stellen: Was ist denn überhaupt das sogenannte Gegebene, von dessen sicherem Fundament aus die naturwissenschaftliche Forschung ihren Gang nimmt? Steht da etwas unmittelbar vor Augen? Oder ist das, was da als Zeigerbewegung zu sehen ist oder unter dem Mikroskop erscheint, nicht immer schon das Resultat jener Vermittlung, die wir Verstehen nennen? Das einschlägige philosophiegeschichtliche Lehrstück für diesen Zusammenhang, der Zusammenbruch der Theorie der Protokollsätze, ist wohlbekannt. Auch im Bereich der Naturwissenschaften kann also, wie ich meine, die Erkenntnistheorie der hermeneutischen Kritik nicht ausweichen, daß das Gegebene vom Verstehen nicht ablösbar ist. In allem Protokollieren, im sogenannten Wahrnehmen selber ist das hermeneutische Etwas-als-etwas-Verstehen wirksam.

Dutt: Sprechen wir über die Elemente, durch die Ihre Diskussion des Verstehens in den Geisteswissenschaften Einwände provoziert hat. Ich denke an die positive Einführung des Vorurteilsbegriffs und an die damit verbundene Kritik des erkenntnistheoretischen Diskurses der Aufklärung oder genauer: eines bestimmten Stranges der Aufklärungsepistemologie. Was hat es damit auf sich?

Gadamer: Die radikale Aufklärung hat allen Vorurteilen den Kampf angesagt. Das war sozusagen ihr Pathos. Und sie hat dadurch auch eine Art von Befreiung, eine Emanzipation des Geistes vollzogen. Wenn man allerdings daraus die Folgerung zieht, man könne sich selber durchsichtig werden, in seinem Denken und Handeln souverän, dann irrt man sich. Niemand kennt sich selbst. Wir tragen immer schon eine Prägung, und niemand ist ein weißes Blatt. Die Verständigung mit der Mutter beginnt lange vor jedem Sprechen; wie wir heute wissen schon im Mutterleib. Wir wissen in jeder anderen Hinsicht, daß niemand von uns die Prägungen wirklich kennt, die ihn zu dem haben werden lassen, der er ist. Wir sind nicht nur von unseren ‚Genen' geprägt, wie man heute sagt, sondern auch durch die Sozialisierung, durch die wir überhaupt erst in der Lage sind, Zugang zu unserer Welt und zu den Überlieferungen zu gewinnen, in denen wir stehen. Unsere Prägungen eröffnen und sie begrenzen unseren Horizont. Aber nur dadurch, daß wir überhaupt Horizont haben, kann uns etwas begegnen, das unseren Horizont erweitert.

Dutt: Sie bringen wiederum die Ordnung meines Fragenkatalogs in Gefahr. Der Begriff des Horizonts führt ja schon auf Ihre Beschreibung der Vollzugsform des Verstehens: auf das Modell der Horizontverschmelzung. – Ich würde gern noch bei den Vorurteilen bleiben: Daß dieselben erkenntnispraktisch unvermeidbar sind, daß totale Selbstaufklärung ein illusorischer Anspruch ist, das enthebt den Geisteswissenschaftler natürlich nicht der Pflicht zur Reflexion auf seine Erwartungen, zur Thematisierung seiner Vorurteile.

Gadamer: Ganz gewiß nicht! Und auch nicht der möglichen Entkräftung von Vorurteilen, wenn sie sich nicht bewähren. Aber es kann sein, daß sich Vorurteile bewähren.

Dutt: Aus der Unvermeidbarkeit des Vorurteils folgt für Sie die Rehabilitierung seiner Quellen: die Unverzichtbarkeit von Autorität und von Tradition. Das sind mißverständnisträchtige Begriffe, – auch nach oder vielleicht gerade nach der sogenannten ‚Tendenzwende' in der gesellschaftspolitischen Diskussion hierzulande. In Ihrer Debatte mit Habermas hat das Kapitel zur Rehabilitierung von Autorität und Tradition eine wichtige Rolle gespielt. Die für die *Gesammelten Werke* veranstaltete Neuauflage von *Wahrheit und Methode* erinnert jetzt in einer Anmerkung daran. Änderungen am Haupttext haben Sie aber nicht vorgenommen.

Gadamer: Nein. Warum denn? Ich habe doch etwas Einsehbares vorgetragen. Die Meinung, daß Autorität und Tradition etwas seien, worauf man sich berufen kann, ist ein reines Mißverständnis. Wer sich auf Autorität und Tradition beruft, hat keine Autorität. Punkt. Ebenso ist es doch mit Vorurteilen. Wer sich auf solche beruft, mit dem ist nicht zu reden. Aber wer seine Vorurteile nicht in Frage zu stellen bereit ist, mit dem ist auch nicht zu reden. Heidegger hat in seinen Anfängen einmal das richtigstellende Wort „Vorurteilsüberlegenheit" gebraucht. Zu einer solchen gehört aber die Fähigkeit, dem Argument des Anderen Recht zu geben und dort, wo man nicht genug weiß und dem Anderen besseres Wissen zutraut, dies als Autorität gelten zu lassen. Darauf beruht alles Lernen. Eigenes Urteil, das man zum Handeln ebenso braucht wie zum Anspruch auf Wissen, kann man freilich nicht lernen.

Dutt: „Wer sich seiner Vorurteilslosigkeit gewiß zu sein scheint, indem er sich auf die Objektivität seines Verfahrens stützt und seine geschichtliche Bedingtheit verleugnet, der erfährt die Gewalt der Vorurteile, die ihn unkontrolliert beherrschen, als seine *vis a tergo*."[6]

Gadamer: Richtig!

Dutt: Ja, das ist ein Zitat aus *Wahrheit und Methode* . . .

Gadamer: Das weiß ich.

Dutt: . . . ein Zitat, das mir besonders geeignet scheint, um das Aufklärungsangebot Ihrer Darlegungen, wenn ich das in diesem Zusammenhang so nennen darf, zu verdeutlichen. Ihr eigentlicher Adressat ist ja das historische Bewußtsein, das Leitbewußtsein der modernen Geisteswissenschaften, und zwar insofern, als sich in ihm die Einsicht in die Historizität seiner Gegenstände mit der Blindheit gegenüber der eigenen Einbezogenheit in die Geschichte paart.

Gadamer: Ja, das ist der historische Objektivismus, die Naivität des Methodenglaubens, dem erliegt, wer meint, im Verstehen von sich absehen zu können.

---

6 *Gesammelte Werke,* Band 1, S. 366.

Dutt: „Hier muß“, wie Sie schreiben, „von einem schlecht verstandenen historischen Denken an ein besser zu verstehendes appelliert werden. Ein wirklich historisches Denken muß seine eigene Geschichtlichkeit mitdenken.“[7] Die Aufgabe der philosophischen Hermeneutik besteht für Sie dementsprechend darin, „im Verstehen selbst die Wirklichkeit der Geschichte aufzuweisen“. Sie nennen dies das „Prinzip der Wirkungsgeschichte“ und Ihre These lautet, daß „das Verstehen (. . .) seinem Wesen nach ein wirkungsgeschichtlicher Vorgang“ ist[8].

Gadamer: In der Tat! Das historische Bewußtsein muß sich selbst besser verstehen lernen und anerkennen, daß hermeneutische Bemühungen stets von einem wirkungsgeschichtlichen Faktor mitdeterminiert sind. Wir stehen in Traditionen, ob wir diese Traditionen kennen oder nicht kennen, ob wir uns ihrer bewußt sind oder so hochmütig sind zu meinen, wir fingen voraussetzungslos an – an der Wirkung von Traditionen auf uns und unser Verstehen ändert das nichts.

Dutt: Nun leben wir seit etwa zweihundert Jahren in einem schubweise fortschreitenden Prozeß der Emanzipation von Traditionen . . .

Gadamer: . . . was meine These von der wirkungsgeschichtlichen Bedingtheit des Verstehens nicht widerlegt! Sie müssen sich vor falschen Konnotationen bei dem Wort „Tradition“ hüten. Tradition geht nicht in dem auf, was man als die eigene Herkunft weiß und als diese Herkunft annimmt oder ablehnt. Ich sehe keinen Grund, den Faktor der Tradition, der in allem Verstehen mitspielt, nicht auch für die Gegenwart zu

---

7 Ebd., S. 304 f.
8 Ebd., S. 305.

betonen. Die junge demokratische Tradition der Bundesrepublik wirkt gewiß in erheblichem Maße auf den hermeneutischen Horizont unserer geschichtswissenschaftlichen Forschungen ein. Man könnte das an verschiedenen Beispielen zeigen. Nein, – wer sich aus seiner wirkungsgeschichtlichen Verflechtung befreit zu haben glaubt, der irrt sich.

Dutt: Allerdings sprechen Sie nicht nur von wirkungsgeschichtlicher Verflechtung, sondern auch von wirkungsgeschichtlicher Reflexion, von einem wirkungsgeschichtlichen Bewußtsein, das es in den Geisteswissenschaften zu entwickeln gelte.

Gadamer: Ja, – und man kann wohl sagen, daß dies für Heidegger eine der größten Herausforderungen meiner ganzen Arbeit war, daß ich hier den Begriff des Bewußtseins gebrauche. Ich habe es allerdings in *Wahrheit und Methode* nicht unausgesagt gelassen, daß das wirkungsgeschichtliche Bewußtsein mehr Sein als Bewußtsein ist. Man befindet sich immer schon in einer wirkungsgeschichtlich bestimmten Situation. In dem Begriff der Situation ist festgehalten, daß man sich bei aller Reflexion nicht in ein Außenverhältnis zu ihr setzen kann. Das heißt nun freilich nicht, daß es nicht die Aufgabe des Geisteswissenschaftlers wäre, nach Kräften ein Bewußtsein der Situation auszubilden, in der er sich gegenüber der Überlieferung, die er zu verstehen sucht, befindet. Ganz im Gegenteil! In jeder echten Forschungsbemühung ist gefordert, daß man ein Bewußtsein der hermeneutischen Situation ausarbeitet. Nur so läßt sich aufklären, was unserem Interesse zugrunde liegt und unsere Fragestellungen trägt. Freilich muß man sich die Unendlichkeit dieser Aufgabe eingestehen. Volle Aufklärung über die eigenen Frage-Interessen ist nicht zu erlangen. Es bleibt immer ein Rest. Auf jeden Fall aber gilt es, sich der objektivistischen Naivität zu entziehen und das Phantom einer vom Standort des Verstehenden abgelösten Wahrheit zu zerstören.

Das wirkungsgeschichtliche Bewußtsein weiß, daß das, was sich ihm als Untersuchungsgegenstand zeigt, kein Gegenstand ist, den der Fortschritt der Forschung nach und nach in seinem Ansichsein enthüllen wird. Es vermag in einer historischen Erscheinung – in einem Bild, einem Text, einem politischen oder sozialen Geschehen – vielmehr das Andere des Eigenen zu sehen, in dem es sich selbst besser begreifen lernt. Natürlich wird damit nicht das Spannungsverhältnis geleugnet, das für die hermeneutische Situation der modernen Geisteswissenschaften kennzeichnend ist. Das Spannungsverhältnis von Vergangenheit und Gegenwart nicht in überhasteten Angleichungen zuzudecken, ist die Leistung des historischen Bewußtseins, das um die Andersheit des Vergangenen weiß. Aber damit weiß es gleichsam nur die Hälfte. Zum Ganzen gehören die Wirkungen der Wirkungsgeschichte: Die hermeneutische Situation des Geisteswissenschaftlers steht immer zwischen Fremdheit und Vertrautheit, zwischen der bloßen Gegenständlichkeit der Überlieferung und der Zugehörigkeit zu ihr. Die geisteswissenschaftliche Erkenntnis hat immer etwas von Selbsterkenntnis an sich. Dieser Art Applikation kann man sich nicht entziehen!

Dutt: Vielleicht darf ich den Begriff der Applikation, dem ich vorhin ausgewichen bin, jetzt aufnehmen. Das große Kapitel, das Sie ihm gewidmet haben, versucht die in der theologischen und juristischen

Hermeneutik anerkannte Aufgabe der Anwendung als das hermeneutische Grundproblem auch der geisteswissenschaftlichen Disziplinen zur Anerkennung zu bringen. Die Korrektur des historischen Bewußtseins durch das wirkungsgeschichtliche Bewußtsein wird als Korrektur der Rekonstruktionshermeneutik fortgeführt. Sie zeigen, daß in den Rekonstruktionsdiskursen der Historiker und Philologen immer auch ein Applikationsdiskurs steckt. Wie kommt dieses Moment zur Geltung?

Gadamer: Nun, – wie ich schon eingangs sagte, handelt es sich hier nicht um die nachträgliche Anwendung von etwas, das zunächst in sich verstanden wäre, auf etwas anderes, sondern die Anwendung ist erst das wirkliche Verständnis der Sache für den, der zu verstehen sucht. In allem Verstehen geschieht eine Applikation, so daß derjenige, der versteht, selber in dem verstandenen Sinn darin ist. Er gehört zu der Sache, die er versteht.

Dutt: Können Sie das vielleicht an einem Beispiel verdeutlichen? Wie sieht das in den Geisteswissenschaften aus, in der Literaturwissenschaft oder der Geschichtswissenschaft? Die hermeneutische Praxis dieser Disziplinen verfolgt doch in der Regel keine Anwendungsabsichten.

Gadamer: Das ist auch nicht gemeint! Es ist keine Rede davon, daß die hermeneutische Praxis jeweils von einer Absicht der Applikation geleitet wäre. Applikation ist ein implizites Moment alles Verstehens und steht mit den echten Pflichten der Wissenschaftlichkeit keineswegs in Konflikt. Nicht um einen Überlieferungsausschnitt für zweifelhafte ‚Anwendungen' in Gebrauch zu nehmen, sondern um ihn überhaupt zu verstehen, hat man eine Applikationsleistung zu vollbringen: Um die Bedeutung eines Überlieferungsausschnitts zu erfassen, muß man ihn auf die konkrete hermeneutische Situation beziehen, in der man sich befindet. Jeder, der etwas versteht, versteht sich selbst darin. Auch der Geisteswissenschaftler. In seiner Arbeit vermitteln sich Damals und Heute, die geschichtliche Überlieferung, mit der er es zu tun hat, und seine eigene Gegenwart.

Dutt: Das schließt aus, daß es je ein endgültiges Verständnis eines Überlieferungsausschnitts geben kann?!

Gadamer: Jede Begegnung mit der Überlieferung ist eine geschichtlich andere! Man versteht anders, wenn man überhaupt versteht, wie ich das in *Wahrheit und Methode* formuliert habe[9].

Dutt: Das wird ja auch in Ihrer Kennzeichnung des Verstehensvorgangs als Horizontverschmelzung unterstrichen. Wo zwei Horizonte verschmelzen, entsteht etwas, das vorher nicht war.

Gadamer: Ja, – und das geschieht ständig. Horizonte sind nicht starr, sondern beweglich, sie sind in Bewegung, weil unsere Vorurteile ständig auf die Probe gestellt werden. Das geschieht auch in jeder Begegnung mit der Überlieferung.

Dutt: Nun gehört es, wie Sie selbst betonen, zu den Besonderheiten einer Horizontverschmelzung unter Wissenschaftlichkeitsanforderungen, daß sie ein rekonstruktionshermeneutisches Element, einen Entwurf

---

9 Ebd., S. 302: „Verstehen ist in Wahrheit kein Besserverstehen, weder im Sinne des sachlichen Besserverstehens durch deutlichere Begriffe, noch im Sinne der grundsätzlichen Überlegenheit, die das Bewußte über das Unbewußte der Produktion besitzt, es genügt zu sagen, daß man *anders* versteht, *wenn man überhaupt versteht.*“

des historischen Horizonts der Sache enthält, die der Geisteswissenschaftler, der Philologe oder Historiker, untersucht. Sie sprechen da freilich von einem „Phasenmoment im Vollzug des Verstehens", das sich nicht verfestige, sondern „von dem eigenen Verstehenshorizont der Gegenwart eingeholt wird."[10]

Gadamer: In der Tat! Ein historisch geschulter Interpret hebt zwar den Horizont der Überlieferung von dem eigenen Zeit-Horizont ab, aber sein Verstehen schließt in Wahrheit die Vermittlung beider Horizonte ein. Der Entwurf des historischen Horizontes, der sich vom Gegenwartshorizont unterscheidet, wird aufgehoben im Verstehen, das den Gewinn eines neuen geschichtlichen Horizontes bedeutet.

Dutt: Die Vollzugsform der Horizontverschmelzung haben Sie mit der Vollzugsform des Gesprächs verglichen. So wie zwischen zwei Gesprächspartnern, die sich über ein Thema miteinander zu verständigen suchen, so finde auch zwischen dem Philologen und seinem Text, zwischen dem Historiker und seiner Forschung eine Kommunikation, ein „hermeneutisches Gespräch"[11] statt. Man hat diesen Vergleich nicht uneingeschränkt akzeptiert. Insbesondere die Beschreibung, die Sie vom Einsatz dieses Gesprächs gegeben haben, hat irritiert. Sie sehen ihn auf der Seite der Überlieferung, was im Rahmen des Konzeptes der Wirkungsgeschichte konsequent ist. Man hat das jedoch als eine Stilisierung aufgefaßt, die die Überlieferung mit falschen Handlungsprädikaten ausstatte. Sie werde so in die Position des Subjekts gehoben.

---

10 Ebd., S. 312.

11 *Gesammelte Werke*, Band 1, S. 391.

Gadamer: Nun, ich glaube gezeigt zu haben, daß es nicht so ist, daß ein Subjekt einem Objekt oder einer Welt von Objekten gegenübersteht. Vielmehr spielt etwas zwischen dem Menschen und dem, was ihm in der Welt begegnet, hin und her. So ist es eine der wesentlichsten Erfahrungen, die ein Mensch machen kann, daß ein anderer ihn besser kennt. Dies bedeutet aber, daß wir die Begegnung mit dem Anderen ernst nehmen müssen, weil es immer etwas gibt, wo wir nicht recht haben und nicht recht behalten. Durch die Begegnung mit dem Anderen werden wir über die Enge unseres Bescheidwissens hinausgehoben. Es öffnet sich ein neuer Horizont ins Unbekannte. Das geschieht in jedem echten Gespräch. Wir kommen der Wahrheit näher, weil wir nicht auf uns bestehen. Und warum ist nun auch die Begegnung mit der Überlieferung, in der uns etwas gesagt wird, ein Gespräch? Nun, – es ist deswegen ein Gespräch, weil das, was uns begegnet, eine Frage an uns stellt, auf die wir zu antworten haben. Etwas aus der Überlieferung spricht uns an – ein Werk der Kunst, ein Geschehen, das wir auf einmal verstehen: das geht mit uns mit wie der Partner eines Gesprächs.

Dutt: Was nicht überall überzeugt hat, ist dies, daß die Überlieferung fragen soll. Das ist zwar die Pointe Ihres Kapitels über Frage und Antwort, die Sie auch am Ende Ihres Buches nochmals hervorheben: „Der scheinbar thetische Beginn der Auslegung ist in Wahrheit Antwort, und wie jede Antwort bestimmt sich auch der Sinn einer Auslegung durch die Frage, die gestellt ist. *Die Dialektik von Frage und Antwort ist mithin der Dialektik der Auslegung schon zuvorgekommen. Sie ist es, die das Verstehen als ein Gesche-*

hen bestimmt.“[12] Diese These hat Sie jedoch in Konflikt mit dem Selbstverständnis einiger professioneller Interpreten gebracht.

Gadamer: Darauf kommt es jedoch an! Wie kommen wir denn dazu, daß wir unsere Fragen stellen? Worauf antworten wir, wenn wir sie stellen? Es gibt doch keine vom Himmel gefallenen Probleme. Was weckt unser Interesse? Das ist doch das Erste! Am Anfang jedes Versuchs zu verstehen steht ein Betroffensein – wie von einer Frage, auf die man antworten soll, die das Wissen des Interpreten ins Ungewisse stellt, die ihn zur Rede stellt. Um zu antworten, beginnt der Betroffene seinerseits zu fragen – ‚von sich aus‘ fragt keiner! Alles andere ist szientistische Ideologie! Nein, – das Verstehen steht nicht erst am Ende der geisteswissenschaftlichen Erforschung eines Gegenstandes – es steht am Anfang und durchherrscht das Ganze, Zug um Zug.

Ich muß also nochmals betonen, daß die Geisteswissenschaften ihre ausgezeichnete Stellung nicht etwa deswegen haben, weil sie Wissenschaft sind. Als solche haben sie keine besseren Methoden als andere Wissenschaftszweige. Die Geisteswissenschaften haben ihre ausgezeichnete Stellung vielmehr deswegen, weil in ihnen uns immer wieder etwas aufgeht, von dem wir gar nicht wußten, daß wir es schon immer wissen wollten. Das mußte uns erst gesagt werden – und dann antwortet man: „Ich verstehe“.

Dutt: Wie aber sichern Sie das *Ich* in diesem „Ich verstehe“? Man hat Ihnen vorgeworfen, daß Sie das Subjekt des Verstehenden unter dem Prinzip der Wirkungsgeschichte zum bloßen Reflex einer absolut ermächtigten, zum Übersubjekt gemachten Überliefe-

---

12 Ebd., S. 476.

rung herabstufen. „Die Tradition ist die Vermittlung ihrer und des von ihr Vermittelten doch nur in ihr und für sie selbst", so hat das Manfred Frank formulierte, der unter diesen Umständen befürchtet, daß der im Gesprächsmodell des Verstehens wie auch im Modell der Horizontverschmelzung implizierte Anspruch, daß in jedem Verstehen etwas Neues zu Bestand komme, nur noch künstlich dadurch zu legitimieren sei, daß das Übersubjekt Tradition „von der Fülle seines eigenen Reichtums überwältigt wird und daß im einzelnen Aufblitzen des Sinns eine virtuelle Unendlichkeit des Deutbaren zur Sprache drängt."[13] Zwar überzeugen mich die Frankschen Einwände nicht, ich möchte aber eine der Fragen wiederholen, die in seiner Kritik erscheinen: Wie rechtfertigen Sie, wenn das Verstehen den Wirkungen der Wirkungsgeschichte unterliegt, den Satz, den Sie vorhin selbst angeführt haben: „daß man *anders* versteht, *wenn man überhaupt versteht*"? Wie sichern Sie das im Rahmen Ihrer Konzeption?

Gadamer: Nun, – meine Antwort ist: durch die Sprache. Ich habe bereits in dem kleinen Exkurs zur Geschichte der Hermeneutik, den Sie mir abverlangt haben, an die Erkenntnis der Romantiker erinnert, daß alles Verstehen Auslegen, daß Verstehen sprachgebunden ist. Der dritte Teil von *Wahrheit und Methode* ist diesem Problem der Sprachlichkeit des Verstehens gewidmet. Wenn ich von einem hermeneutischen Gespräch mit der Überlieferung rede, dann ist das, wie dieser Teil des Buches zu zeigen sucht, keine metaphorische Redeweise, sondern die genaue Beschreibung des Verstehens der Überliefe-

13 Manfred Frank, *Das individuelle Allgemeine,* Frankfurt am Main 1985, S. 20–34; die Zitate S. 33.

rung, das sich im Medium der Sprache vollzieht. Die Sprache ist kein Supplement des Verstehens. Verstehen und Auslegen sind immer schon ineinander verschlungen. Die sprachliche Auslegung bringt das Verstehen zur ausdrücklichen Ausweisung, sie ist die Konkretion des Sinns, der in der Begegnung mit der Überlieferung verstanden wird. Die These, daß dies jeweils in einer wirkungsgeschichtlich bestimmten Situation geschieht, daß die Überlieferung Fragen stellt und Antworten vorzeichnet, besagt keineswegs, daß die Überlieferung ein Übersubjekt sei. Das Gespräch mit der Überlieferung ist ein echtes Gespräch, an dem der von ihrem Wort Betroffene aktiv mitwirkt. Denn die auslegende Sprache ist seine Sprache. Es ist nicht die Sprache des Textes, dessen Sinnimplikationen er zu entfalten sucht. Insofern ist die Interpretation der Überlieferung niemals deren bloßes Nachsprechen, sondern stets wie eine neue Schöpfung des Verstehens, das im auslegenden Wort in seine Bestimmtheit kommt.

Dutt: Ein Begriff aus der älteren hermeneutischen Tradition, den Sie selbst immer wieder gebrauchen, ist der Begriff des *Scopus*.

Gadamer: Oh, ja! Das ist ein grundlegender Punkt seit Melanchthon.

Dutt: Wer einen Text angemessen verstehen will, muß nach dem *Scopus* dieses Textes: nach der hauptsächlichen Absicht, dem zentralen Gesichtspunkt fragen. Die Erfassung des *Scopus* bildet die Basis für die unendliche Arbeit der Nuancierung des Verstehens. Wenn ich über den *Scopus* des zweiten Teils von *Wahrheit und Methode* Auskunft geben müßte, so würde ich sagen, daß die Grundabsicht darin besteht, die Geisteswissenschaften nicht sowohl als Bestandteil des autonomen Funktionssystems *Wissenschaft* denn als Bestandteil einer die Expertenwelt und die Laienwelt zusammenschließenden Erfahrungswelt zu beschreiben. „Erfahrung" ist der Grundterm Ihrer Analyse des wirkungsgeschichtlichen Bewußtseins. Mit seiner Klärung unterscheiden Sie sich deutlich von anderen philosophischen Explikationen des Erfahrungsbegriffs. Bei Arnold Gehlen zum Beispiel ist vom auswählenden, vom erledigenden, vom Verfügbarkeiten schaffenden und sich zum System durchgliedernden Charakter der Erfahrung die Rede. Diese Merkmalkette steht ganz im Zeichen des Erfahrungsbegriffs der sogenannten empirischen Wissenschaften und wird von Gehlen auch ausdrücklich auf die vorbildliche „‚Krisenfestigkeit' der Naturwissenschaften" bezogen, zu der es eben gehöre, nur ganz bestimmte Erfahrungen zuzulassen, andere jedoch von vornherein auszugrenzen. Dieses Muster zur Lebensregel erhebend, schreibt Gehlen vom Erfahrenen: „Was im Bewußtsein zugelassen werden soll, dort durchgearbeitet werden, muß von daher gesteuert sein, oder man ist ein Intellektueller oder Aufklärer."[14] Ihr Erfahrungsbegriff ist ein anderer.

Gadamer: Ja. Nur, – das ist nicht ‚mein' Begriff von Erfahrung, sondern so wird Erfahrung in der Lebenswelt gelebt. Das Gehlensche Gegenbeispiel charakterisiert im übrigen die Sache soweit richtig, daß in der Tat Erfahrung bewirkt, daß einer schließlich erfahren ist. Aber das heißt nicht, daß er nun ein für alle Mal etwas weiß und sich in diesem Wissen verhärtet, sondern daß er für neue Erfahrungen offen ist. Wer erfahren ist, ist undogmatisch. Erfahrung spielt die

14 „Vom Wesen der Erfahrung", in *Anthropologische Forschung*, Reinbeck 1961, S. 26–43; die Zitate S. 41 und S. 37.

Offenheit für Erfahrung frei, wie ich das in dem Kapitel zum Erfahrungsbegriff ausgedrückt habe, das ich in der Tat für das zentrale Stück des ganzen Buches halte[15]. Erfahrung ist wohl der am wenigsten bekannte Begriff in unserer ganzen Philosophie, und zwar gerade weil sie die sogenannten Erfahrungswissenschaften im Ausgang vom Experiment zum Paradigma erhebt. Die Erfahrungswissenschaften geben nur einer Erfahrung Raum, in der man auf Fragen ‚methodisch' gesicherte Antworten erhält. So aber ist unser Leben im Ganzen nicht. Wir leben nicht krisenfest nach gesicherten Programmen, sondern wir haben unsere Erfahrungen zu machen. Deswegen zitiere ich das *pathei-mathos* des Aischylos, in dem weit mehr steckt als nur die Einsicht, daß wir durch Schaden klug werden. Aischylos weist auf unsere Endlichkeit. Nein, – wir schließen in unserer Erfahrung nichts ab, wir lernen ständig neu aus unserer Erfahrung. Und in der Tat haben die Geisteswissenschaften ihre besondere Bedeutung aufgrund dieser Unabschließbarkeit aller Erfahrung. Im Unterschied zu den Naturwissenschaften haben sie keine ‚gesicherten' Ergebnisse, die wir wie fraglos hinter uns lassen. In den Geisteswissenschaften lernen wir ständig neu aus der Überlieferung. Dazu gehört jedoch wirkliche Erfahrungsbereitschaft, nämlich die Offenheit für den Wahrheitsanspruch, der uns in der Überlieferung begegnet. So kommen wir zu etwas anderem als nur zu historischen Einordnungen. Wir kommen zu Einsichten. Und das heißt immer auch, daß wir von Verblendungen zurückkommen, in denen wir befangen waren.

---

15 *Gesammelte Werke,* Band 1, S. 361: „Die Dialektik der Erfahrung hat ihre eigene Vollendung nicht in einem abschließenden Wissen, sondern in jener Offenheit für Erfahrung, die durch die Erfahrung selbst freigespielt wird."

Dutt: Es gehört in diesen Zusammenhang, daß Sie darauf verzichtet haben, eine Funktionsthese aufzustellen, die den Geisteswissenschaften ein bestimmtes Leistungsziel innerhalb unseres Erfahrungshaushalts zuweist. Eine solche Funktionsthese hat bekanntlich Joachim Ritter aufgestellt, als er Anfang der sechziger Jahre in einem berühmt gewordenen Aufsatz „Die Aufgabe der Geisteswissenschaften in der modernen Gesellschaft" beschrieb. Ritter sah diese Aufgabe darin, daß die Geisteswissenschaften all das, was für unsere Gesellschaft, die von den Systemzwängen der naturwissenschaftlich-technischen Dauermodernisierung beherrschte Industriegesellschaft, „zu einem ‚nur noch Historischen' wird, als solches Historisches (. . .) vergegenwärtigen"[16]. Die Geisteswissenschaften, so Ritter, kompensieren „die *reale* Bewegung (. . .), in der das alte geschichtliche Gut (. . .) verdrängt wird", sie sichern das aus der „gegenwärtigen Wirklichkeit Entfernte" als „‚das Historische'"[17]. Der Verlust dessen, was modernisierungsbedingt in die Ferne rückt, werde in der Form des Wissens von ihm erträglich, womit die Geisteswissenschaften letztlich einen Dienst zugunsten des naturwissenschaftlich-technisch-industriellen Sektors leisten: Indem sie uns auf Modernisierungsopfer mit „historischem Sinn" zu reagieren helfen, wirken sie „modernisierungsermöglichend"[18] – eine Auffassung, die im Anschluß an Ritter vor allem Odo Marquard

16 „Die Aufgabe der Geisteswissenschaften in der modernen Gesellschaft", in ders., *Subjektivität,* Frankfurt am Main 1974, S. 105–140; hier S. 132.

17 Ebd., S. 133.

18 Odo Marquard, „Über die Unvermeidlichkeit der Geisteswissenschaften", in ders., *Apologie des Zufälligen,* Stuttgart 1986, S. 98–116; hier S. 105.

vertreten hat. Soweit ich sehe, haben Sie sich mit dem Kompensationstheorem nicht anfreunden können.

Gadamer: Nein. Der Grund, warum ich die von Ritter ausgehende Funktionsbestimmung der Geisteswissenschaften nicht übernehmen kann, ist der, daß ich die Verengung auf den Begriff der Wissenschaft und den in ihr wirkenden historischen Sinn nicht der Sache angemessen finde. Der historische Sinn, auf den das 19. Jahrhundert die Geisteswissenschaften gegründet hat, ist nicht das letzte Wort, sondern er stellt lediglich eine vorgängige Ausprägung der heutigen menschlichen Erfahrungswelt und ihres Überlieferungsverhältnisses dar. Ich muß gestehen, daß ich die Arbeiten der Ritter-Schule nicht mehr im einzelnen verfolgt habe. Ich bin allerdings der Meinung, daß das Kompensationstheorem das Erfahrungspotential der Geisteswissenschaften unterschätzt. Wie sollen wir vorwegwissen, zu welchen Einsichten, zu welchem Verständnis und Selbstverständnis uns die Erfahrung der Überlieferung führt, und zwar der Überlieferung der Welt, nicht nur Europas! Auch in den Geisteswissenschaften gilt in Wahrheit dies, daß wir die Überlieferung der Welt nicht nur in ihrer Andersheit, sondern auch in ihrem Anspruch gelten lassen. Das heißt in der Weise, daß sie uns etwas zu sagen hat. Dafür bedarf es der Offenheit, – ich habe eben schon davon gesprochen. Eine historistische Grundlegung der Geisteswissenschaften, wie sie auch bei Ritter vorliegt, kann diese grundsätzliche Offenheit nicht gelten lassen. Wenn Ritter die Überlieferung als das Historische definiert, bleibt sein Denken im Wirkungskreis seines Lehrers Heimsoeth, trotz der großen Leistungen, die ihn natürlich auszeichnen. Nein, – dem wirklichen Leben mit der Überlieferung wird die kompensationstheoretische Frontstellung nicht gerecht. Die gelebte Überlieferungserfahrung ist ein hermeneutischer Prozess – ohne Ende und über alle gesellschaftspolitischen Funktionsformeln immer schon hinaus.

Dutt: Im Unterschied zur Ritter-Schule haben Sie die Geisteswissenschaften auch nicht zu ausschließlich erzählenden Wissenschaften erklärt.

Gadamer: Das sind sie ja auch nicht. Natürlich hat mich das Problem der Narrativität beschäftigt. In späteren Arbeiten von mir spielt das eine nicht geringe Rolle. In den Geisteswissenschaften *wird* erzählt, es wird freilich auch ständig in Begriffe umgesetzt, und es öffnen sich neue begriffliche Horizonte. Es werden gewiß auch Statistiken ausgewertet, es werden Vergleiche angestellt und Texte interpretiert. Aber nur, um uns selbst besser begreifen zu lernen. Es ist wie bei Isokrates dem Redner, von dem Plato rühmt, es sei so etwas wie Philosophie in seiner Denkweise: *Dianoia.* Das gilt doch auch von dem, was man „Geschichte der Philosophie" nennt, – sie geht uns etwas an, weil es darin Philosophie gibt. Die Pointe bleibt immer diese: Man muß ernst nehmen, warum es *Wahrheit und Methode* heißt; die Methode definiert eben nicht die Wahrheit. Sie schöpft sie nicht aus.

Dutt: Man würde dem Stellenwert des dritten Teils von *Wahrheit und Methode* nicht gerecht, würde man die in ihm entwickelten Thesen zum Wesenszusammenhang von Verstehen und Sprachlichkeit auf das Überlieferungsverstehen, auf das Gespräch mit dem Text der Tradition einschränken. Die „Ontologische Wendung der Hermeneutik am Leitfaden der Sprache“[19] thematisiert den Zusammenhang von Sprache und Verstehen nicht nur mit Bezug auf das berühmte ‚Sein zum Text', vielmehr wird die hermeneutische Funktion der Sprache im Ganzen unserer Lebenspraxis herausgestellt. Ihre These, „daß die im Verstehen geschehende Verschmelzung der Horizonte die eigentliche Leistung der Sprache ist,“[20] bezieht sich auf „alle Formen menschlicher Lebensgemeinschaft“[21]. Was ist die Sprache, daß sie dies leistet?

Gadamer: Auf diese Frage kann ich nur in voller Zustimmung zu Wittgensteins berühmtem Satz antworten: Es gibt keine Privatsprache. Wer eine ‚Sprache‘ spricht, die kein anderer versteht, spricht nicht. Sprechen heißt, zu jemandem sprechen. Sprache ist nicht etwas, das einzelnen Subjekten zugeordnet wäre. Die Sprache ist ein Wir, in dem wir einander zugeordnet sind, und in dem der einzelne keine festgelegten Grenzen hat. Das heißt aber, daß wir alle unsere Grenzen überschreiten müssen, damit wir verstehen. Dies geschieht im lebendigen Austausch des Gesprächs. Alle Lebensgemeinschaften sind Sprachgemeinschaften, und Sprache ist nur im Gespräch.

Dutt: Sie haben die im dritten Teil von *Wahrheit und Methode* vorgetragene Philosophie des Gesprächs bis in die jüngste Zeit hinein immer wieder aufgenommen und in neuen Arbeiten weitergeführt.

Gadamer: Ja, das ist die eigentliche Weiterarbeit der letzten dreißig Jahre.

Dutt: Vielleicht kann man sogar sagen, daß dies das Gemeinsame auch generisch weit voneinander ent-

---

19 *Gesammelte Werke,* Band 1, S. 385–484.
20 Ebd., S. 383.
21 Ebd., S. 450.

fernt angesiedelter Arbeiten ist, daß sie Versuche zum Gespräch sind. Der sozialphilosophische Essay, der die Bedeutung der Freundschaft am Zustand ihres Verlustes abliest[22], und die Gedichtinterpretation, die nach dem Zusammenspiel von Ich und Du der lyrischen Rede fragt[23], ergänzen sich in der Einheit einer Denkbewegung, die der dialogischen Erfahrung unseres Lebens gewidmet ist. Ich meine nun, daß man diese Orientierung so zu betonen hat, daß in ihr – wie sonst wohl nirgends in Ihrer Arbeit – eine Gegenstellung gegen Heidegger heraustritt. Als Sie eingangs über die Interpretation der Hölderlin-Zeile sprachen, ist mir das wieder deutlich geworden. In *Wahrheit und Methode* steckt auch eine Heidegger-Kritik.

Sein und Zeit ist gefangen im Blick auf die Verfallsform des uneigentlichen Geredes; die 1939 gehaltene Nietzsche-Vorlesung thematisiert zwar die „wechselweise Verständigung" als das „erste Verhältnis" des Menschen[24], sie kehrt sich jedoch sogleich gegen „die landläufige Meinung", die meint, „Verständigung sei bereits Nachgeben, Schwäche, Verzicht auf Auseinandersetzung", um statt dessen zu verkünden, „daß Verständigung der höchste und schwerste Kampf ist, schwerer als der Krieg und unendlich fern allem Pazifismus. Verständigung ist der höchste Kampf um die wesentlichen Ziele, die ein geschichtliches Menschentum über sich errichtet."[25] Vielleicht hat die martialische Ideologie dieser Sätze dazu beigetragen,

22 „Vereinsamung als Symptom von Selbstentfremdung", in *Lob der Theorie*, S. 123–138.

23 *Wer bin Ich und wer bist Du?*, S. 10–13 und insbesondere S. 34–44.

24 *Nietzsche*, Band 1, Pfullingen 1961, S. 578.

25 Ebd., S. 579.

daß Sie eine andere Verständigung über Verständigung gesucht haben. – Mir fällt auch auf, daß in Ihre Arbeiten zum Gespräch nicht jene esoterische Erwägung des späteren Heidegger eingegangen ist, jener Vorschlag, „nicht mehr jedes Miteinanderreden ein Gespräch zu nennen“, sondern diesen Namen fortan so zu hören, „daß er uns die Versammlung auf das Wesen der Sprache nennt“[26]. Bei Ihnen finde ich diesen Vorschlag nicht.

Gadamer: Ich mache ihn nicht, aber ich befolge ihn!

Dutt: Jedenfalls kommen in Ihren Versuchen zur Verständigung im Gespräch Merkmale ins Spiel, die „die landläufige Meinung“, von der Heidegger abstößt, positiv aufnehmen, als die im Grunde verläßliche geltend machen: „daß man auf den anderen eingeht“, „daß die Partner versuchen, das Fremde und Gegnerische bei sich selber gelten zu lassen“, „daß man sich etwas sagen läßt“ und so „nicht bleibt, was man war“[27]. Hierin liegt ja nun nicht einfach ein inhaltlicher Unterschied zu dem aus Heidegger Zitierten; an der Divergenz der Bestimmungen zeigt sich vielmehr ein Unterschied in der Theorieform, der philosophischen ‚Methode‘.

Gadamer: Das mag sein.

Dutt: Ich will das so sagen: Im Unterschied zu Heidegger versuchen Sie nicht ein neues Gesprächsbewußtsein und Verständigungsbewußtsein zu kreieren, sondern das schon bestehende Verständnis dessen, was ein Gespräch ist, zu explizieren. Deswegen schließen Sie an das an, was in unseren Alltagsdiskur-

---

26 „Aus einem Gespräch von der Sprache“, in Martin Heidegger, *Unterwegs zur Sprache,* Pfullingen 1959, S. 83–155; hier S. 151.

27 *Gesammelte Werke,* Band 1, S. 389; S. 390; S. 346; S. 384.

sen über „Verständigung“ und „Miteinanderreden“ ausgesagt ist. Einem kleinen autobiographischen Text haben Sie eine in diesem Zusammenhang aufschlußreiche Replik auf die berühmte Wendung des Humanismus-Briefes mitgegeben: „Daß die Sprache,“ so sagen Sie dort, „nicht nur das Haus des Seins ist, sondern auch das Haus des Menschen, in dem er wohnt, sich einrichtet, sich begegnet, sich im anderen begegnet, (. . .) scheint mir noch immer wahr.“[28] Vielleicht wäre es noch Gadamerischer gewesen, anstatt vom Haus *des* Menschen vom Haus *der* Menchen zu sprechen?!

Gadamer: Ich bin doch für den Singular! Nur der einzelne Mensch hat ein Du. „Der Menschen“ klingt mir zu kollektivistisch. Aber der Sache nach stimme ich durchaus zu. Sicher, – es ist da ein Wechsel der Blickrichtung. Es sind auch verschiedene Gaben und Talente. Erstens habe ich natürlich nicht die ungeheuer kühne Denkkraft, mit der Heidegger philosophierte. Ich habe immer gesagt, daß einer der wesentlichen Unterschiede zwischen Heidegger und mir in der Sorgsamkeit des Interpretierens liegt. Ich habe vorsichtiger als er interpretiert. Denn wenn ich nicht das Richtige verteidige, dann scheitere ich. Heidegger konnte auch das Falsche verteidigen.

Dutt: Das ist sophistisch.

Gadamer: Nein, – nicht sophistisch! Heidegger war so stark in seiner Überzeugungskraft und so zwingend in den Gründen, aus denen er das Falsche tat. Ich habe viele Beispiele mit ihm erlebt, Begegnungen, in denen ich ihm sagte: „Aber hören Sie, Herr Heideg-

---

28 „Die Aufgabe der Philosophie“, in *Das Erbe Europas,* S. 166–173; hier S. 172 f.

ger, hier verhält es sich doch so und so." Und schließlich antwortete er: „Ja, da könnten Sie recht haben." Aber dann fragte er sofort: „Und was heißt das? Bei Heidegger alles falsch?" „Nein", antwortete ich, „nicht alles. Aber das ist falsch!" „Ja, da könnten Sie recht haben", brummte er. Und dann ließ er das Falsche trotzdem unverändert drucken. Nun, – das hieß: Hölderlin war ihm nicht so wichtig wie seine eigenen Gedanken.

Dutt: Das ist nicht gerade lernwillig und sicherlich kein Beispiel für *Ihr* Verständigungsverständnis. Man könnte das schon eher für einen Fall von Narzißmus halten und psychoanalytisch hinterfragen.

Gadamer: Nein. Warum denn psychoanalytisch hinterfragen? Ich möchte lieber die Fragen, die Heidegger gestellt hat, noch einmal fragen. In Wahrheit ist Heideggers Umgang mit der Dichtung aus Sprachnot entstanden. Heidegger suchte Begriffe für eine wirklich neue Fragestellung, Begriffe, um eine Zeitstruktur als die eigentliche Grundstruktur des Seins sichtbar zu machen. Um dies zu tun, hat er sich an die Dichtung angelehnt. An George, an Trakl, an die „Erde" bei Hölderlin und schließlich immer mehr an Hölderlin.

Dutt: Beziehungsweise an seine misreadings.

Gadamer: Ach, nein. Es sind zwar oft gewaltsame misreadings, trotzdem sind Heideggers Hölderlin-Auslegungen immer noch fruchtbarer als die aller anderen.

Dutt: Um aber doch auf die unterschiedlichen Interpretationen des Gesprächs, des sprachlichen Miteinanderseins bei Heidegger und bei Ihnen zurückzukommen: In einem Ihrer wichtigsten Texte zu diesem

Thema, in dem Essay „Die Unfähigkeit zum Gespräch" lese ich: „Wie unsere sinnliche Weltapperzeption auf eine unaufhebbare Weise privat ist, so vereinzeln uns auch unsere Antriebe und Interessen, und die Vernunft, die allen gemeinsam ist und die das allen Gemeinsame zu erfassen begabt ist, bleibt ohnmächtig gegenüber den Verblendungen, die unsere Einzelnheit in uns nährt. So bedeutet das Gespräch mit dem anderen, seine Einwendungen oder seine Zustimmung, sein Verständnis und auch seine Mißverständnisse, eine Art Ausweitung unserer Einzelnheit und eine Erprobung der möglichen Gemeinsamkeit, zu der uns Vernunft ermutigt."[29] In diesem Sinne thematisiert die hermeneutische Philosophie das Gespräch als unser Vermögen zu vernünftiger Intersubjektivität.

Gadamer: Wenn Sie mir den ganz irreleitenden Begriff der Intersubjektivität, einen verdoppelten Subjektivismus ersparen würden! – Ich mache da gar keine kühnen Konstruktionen: Ein Gespräch ist eines, in das man gerät, in das man sich verstrickt, von dem man nicht schon vorher weiß, was dabei ‚herauskommen' wird, und das man auch nicht ohne Gewalt abbricht, weil es immer noch etwas zu sagen gibt. Das ist das Kriterium für ein wirkliches Gespräch. Jedes Wort verlangt nach einem nächsten; auch das sogenannte letzte Wort, das es in Wahrheit nicht gibt. Daß Gespräche zu besserer Einsicht verhelfen, daß sie eine verwandelnde Kraft haben, das hat gewiß jeder von uns schon an sich selber erfahren. Es ist naiv und töricht zu meinen, daß, wenn einer mit jemandem redet, er sich nicht mit ihm verständigen

---

29 *Gesammelte Werke,* Band 2, S. 207–215; hier S. 210.

will. Aber natürlich kann die Verständigung auch darin bestehen, daß wir zwischen unseren ‚Standpunkten' nichts Gemeinsames zu finden vermögen. Es war dann, wie man in solchen Fällen sagt, „kein gutes Gespräch". Aber ich stehe nicht gern auf einem 'Standpunkt'. Vor solcher Prätention warnt mich meine hermeneutische Erfahrung, – denn was einem da geschieht, ist eigentlich ohne Ende.

II

Dutt: 1981 sind Sie in Paris mit Derrida zuammengetroffen. Zu einer ergiebigen Diskussion ist es damals jedoch nicht gekommen. Derrida, so muß man das wohl sehen, hat sich verweigert. Inzwischen ist das Treffen literarisch aufgearbeitet. Es gibt eine ganze Reihe von Texten, die das mündlich Versäumte im Druck nachkonstruieren und kommentieren. Ich denke etwa an *Text und Interpretation*[1], den Sammelband aus dem Jahre 1984, und an die neuere, um einige interessante Beiträge erweiterte Edition *Dialogue and Deconstruction*[2]. In Ihrem Pariser Vortrag haben Sie die Begegnung mit der französischen Szene als eine „echte Herausforderung" gewürdigt.[3] Und in dem bereits retrospektiven Aufsatz „Destruktion und Dekonstruktion" heißt es: „Wer mir Dekonstruktion ans Herz legt und auf Differenz besteht, steht am Anfang eines Gesprächs, nicht an seinem Ziele."[4] Wo steht Ihr Gespräch mit Derrida heute?

Gadamer: Die Frage ist, ob Derrida eigentlich ein Gespräch führen kann. Es könnte ja so sein, daß die Art seines Denkens dies ausschließt. – Er ist ein spekulativer Kopf, deswegen habe ich ihn und keinen anderen von seinen französischen Vorgängern zum wirklichen Gesprächspartner zu gewinnen versucht. Er war mir dadurch aufgefallen, daß er im Unterschied zu allen anderen wirklich mit Aristoteles begann, wenn er Heidegger zu folgen suchte. Sicher,

1 Hrsg. von Philippe Forget, München 1984.
2 *The Gadamer-Derrida Encounter*, hrsg. von Diane P. Michelfelder und Richard E. Palmer, Albany 1989.
3 *Gesammelte Werke,* Band 2, S. 333.
4 Ebd., S. 372.

Foucault war ein Mann von vergleichbarer Bedeutung, aber so in der Linie einer echten Weiterführung Heideggers wie Derrida stand er nicht. Nun gibt es allerdings Grenzen und die hier bestehende, wenn auch wahrscheinlich nicht endgültige Grenze ist die, daß Derrida Heidegger und mich selber im Lager des Logozentrismus sieht und dagegen den Befund stellt, Nietzsche habe recht gehabt. Es gehe nicht anders: Man könne nur noch Fröhliche Wissenschaft treiben, nur noch auf überraschende, an den Augenblick gebundene Umbildungen falscher Vormeinungen setzen, durch die einem plötzlich ein Licht aufgehe, das jedoch wieder verschwindet, wenn man dieselbe Textfigur noch einmal versuche.

Nun, ich meine, der Unterschied zwischen Derrida und mir selber ist der, daß ich mich mit ihm verständigen möchte, indem man miteinander redet. Er war ja, wie Sie wissen, vor einigen Jahren hier, als die Auseinandersetzung um Heidegger ihrem Höhepunkt zutrieb. Damals geriet auch er in die Schußlinie als ein Heideggerianer. Und so suchte er, der mir übrigens immer freundschaftlich gegenübergetreten ist, Kontakt und kam mit einigen Vertrauten. Ich hatte um der Höflichkeit und Intimität willen vereinbart, in seiner Sprache zu konferieren. Es hat uns freilich nicht viel geholfen, da allzu viele Leute zugegen waren, auch viele, die kein Französisch verstanden. Nun war es jedoch auch hier dasselbe: Derridas Unfähigkeit zum Dialog wurde auch hier wieder manifest. Das ist nicht seine Stärke. Seine Stärke ist, ein Garn zu spinnen – immer weiter ins Künstliche, mit unerwarteten Aspektbildungen und überraschenden Umkehrungen. Es ist wie . . .

Dutt: . . . wie eine Penelope-Arbeit?

Gadamer: Ja, auch das, aber darin liegt in Wahrheit ein meditativer Zug, dem er nicht folgt. Ich gebrauche dieses Bild selber: dieses Bild vom Wiederauftrennen. In der Philosophie ist es das Schlimmste, wenn man nicht wieder auftrennt, sondern glaubt, von einmal erreichten Stationen aus einfach weitergehen zu können. In der Philosophie geht es immer darum, durch neues Suchen von Gedanken die größtmögliche Sachnähe zu erreichen. Insofern stimmt es mich glücklich, keine Schüler zu haben, die meine Philosophie 'vertreten'. Man vertritt eine Firma. Philosphie treibt man selber, indem man zu denken sucht. Und so stehen meine Schüler alle in eigenständiger Arbeit, zum Teil sehr interessanter Arbeit!

Dutt: Hans-Robert Jauß mit seiner Rezeptionsästhetik zum Beispiel. Sein Forschungsprogramm ist vielleicht das bekannteste der an *Wahrheit und Methode* anschließenden Unternehmen.

Gadamer: Vielleicht. Jedoch würde ich sagen, daß er bis in die philosophische Dimension nicht wirklich vorgestoßen ist. Er hat einige Ergebnisse aus *Wahrheit und Methode* philologisch fruchtbar gemacht, für die ich mir freilich keinen Lorbeerkranz flechten kann. Daß Werke auch eine Wirkungsgeschichte haben, das wissen wir im Grunde seit Herman Grimms *Raphael.* Und Jauß gehört in diese Reihe.

Dutt: Die er allerdings um ein Theorieangebot ähnlich dem der Prager Schule bereichert hat . . .

Gadamer: . . . der Strukturalisten, gewiß. Selbstverständlich will ich den Resultaten der sogenannten Rezeptionsästhetik nicht ihren Wert absprechen – weder den historiographischen Resultaten noch den methodischen Resultaten, das heißt ihren Vorschlägen zur Standardisierung eines Untersuchungsganges. Nur der Bezug auf mich ist zu kurz gezielt. Diejenigen, die mich wirklich lesen, die werden andere Interessen daran nehmen als die Jaußschen. Dessen bin ich sicher. Und das ist in Wahrheit längst schon so.

Dutt: In einem Punkt hat Jauß für seine Rezeptionsästhetik allerdings keine Fortführungsrolle, sondern die Rolle eines Korrektivs in Anspruch genommen. Ich denke an die Diskussion um „Das Beispiel des Klassischen".

Gadamer: Ja, – und gerade da hat Jauß mich vollkommen mißverstanden!

Dutt: Er und einige seiner Schüler sehen in diesem Kapitel von *Wahrheit und Methode* einen Klassizismus am Werk, dem nur diejenigen künstlerischen Schöpfungen als verstehenswürdig gelten, „die an der urbildhaften Einmaligkeit der klassichen Antike ihr Maß nehmen"[5]. Das sei ein Klassizismus, in dem sich eine substanzialistische Traditionsauffassung ausspreche, die mit den historistisch aufgeklärten Theoriestücken Ihres Buches eigentlich unverträglich sei. Mit dem „von Hegel übernommenen Begriff des Klassischen, das sich selber deutet,"[6] würden Sie über die in Wahrheit alle Kunst und Literatur, auch die sogenannten klassischen Werke, betreffende Geschichtlichkeit, über das Spannungsverhältnis von Werk und Gegenwart hinwegtäuschen und eine gleichsam über-

5 So Rainer Warning, „Zur Hermeneutik des Klassischen", in *Über das Klassische,* hrsg. von Rudolf Bockholdt, Frankfurt am Main 1987, S. 77–100; hier S. 86.

6 Hans-Robert Jauß, „Literaturgeschichte als Provokation der Literaturwissenschaft", in ders., *Literaturgeschichte als Provokation,* Frankfurt am Main 1970, S. 144–207; hier S. 187.

geschichtliche Macht der Überlieferung hypostasieren. „Emanation"[7] sei hier Ihr falsches Denkbild.

Gadamer: Im Gegenteil! Was Sie referieren, trifft das genannte Kapitel an keiner Stelle. Das Klassische ist bei mir ein historischer, ein temporaler Begriff, eine Bezugsbestimmung, die nicht eine Qualität bezeichnet, sondern eine hermeneutische Relation: den „Vorzug der Bewahrung"[8], wie ich das genannt habe. Das hat mit der neuplatonischen Emanationslehre und mit dem Stil-Ideal des Klassizismus nicht das Geringste zu tun. Man darf das Kapitel allerdings nicht auf dem Niveau von Methodenstreitigkeiten lesen, um das zu erkennen.

Dutt: Ihre Kritiker beanstanden ja vor allem jenen Satz, in dem Sie in der Tat die berühmte Formel aus Hegels Ästhetik-Vorlesungen übernehmen: „Klassisch ist, was sich bewahrt, weil es sich selber bedeutet und sich selber deutet (. . .) das der jeweiligen Gegenwart etwas so sagt, als sei es eigens ihr gesagt." Nun ist das in dieser Form[9] ein gekürztes Zitat, und die Kürzung betrifft hier keine Redundanz, sondern

---

7 Ebd. S. 188.

8 *Gesammelte Werke,* Band 1, S. 292: „Das Klassische bezeichnet nicht eine Qualität, die bestimmten geschichtlichen Erscheinungen zuzusprechen ist, sondern eine ausgezeichnete Weise des Geschichtlichseins selbst, den geschichtlichen Vorzug der Bewahrung, die – in immer erneuerter Bewährung – ein Wahres sein läßt." [Zu Gadamers Begriff des Seinlassens vgl. die folgende Erläuterung seiner Schrift zur *Aktualität des Schönen*: „Darauf kommt es also an: das, was ist, sein zu lassen. Aber Seinlassen heißt nicht: das, was man schon weiß, nur wiederholen. Nicht in der Form eines Wiederholungserlebnisses, sondern durch die Begegnung selbst bestimmt, läßt man das, was war, sein für den, der man ist." (S. 65)]

9 In Hans-Robert Jauß, *Ästhetische Erfahrung und literarische Hermeneutik,* Frankfurt am Main 1982, S. 791.

sie betrifft den explikativen Kern Ihres Satzes. Vollständig liest sich der Satz nämlich so: „Klassisch ist, was sich bewahrt, *weil* es sich selber bedeutet und sich selber deutet; was also derart sagend ist, daß es nicht eine Aussage über ein Verschollenes ist, ein bloßes, selbst noch zu deutendes Zeugnis von etwas, sondern das der jeweiligen Gegenwart etwas so sagt, als sei es eigens ihr gesagt."[10] Liest man's so, klingt's ganz einleuchtend, jedenfalls nicht nach Traditionsmetaphysik. Ich denke, die zitierte Stelle erschließt sich ohne solchen Glaubensaufwand oder seine Negation. Was Sie hier wirklich meinen, ist die rekonstruktionsunbedürftige, an das Hinzuwissen ihres historisch ersten Kontextes nicht gebundene und insofern in der Tat autonome Semantizität von Werken: ein semantisches Potential, das transkontextuell aktualisiert wird. Selbstverständlich geschieht das unter wechselnden wirkungsgeschichtlichen Bedingungen nicht immer zu demselben Sinn, wohl aber im Bewußtsein der Transkontextualität, in dem allein die „Zeitlosigkeit" des Klassischen besteht, die Sie insofern als „eine Weise des geschichtlichen Seins"[11] kennzeichnen. Ich meine also, daß Ihre Begriffsklärung des Klassischen von metaphysischen Belastungen frei ist.

Gadamer: In der Tat! Es ist der im Sprachgebrauch lebendige Sinn, von dem ich auch hier ausgehe. Wenn wir sagen: „Das ist klassisch", dann heißt das: „Das wird man immer wieder hören, immer wieder sehen, immer wieder lesen können, das wird immer wieder richtig sein!" Das ist unser Sprachgebrauch und keine künstliche Definition. Insofern ist dieser Begriff des Klassischen von der Kritik, die daran

---

10 *Gesammelte Werke,* Band 1, S. 295 f.
11 Ebd., S. 295.

geübt wurde, weit entfernt. Übrigens habe ich nie bestritten, daß uns der historische Abstand zu solchen „klassischen" Werken bewußt ist und uns auch historische Erkenntnisaufgaben stellt. Ohne Zweifel gilt dies für unser entwickeltes historisches Bewußtsein, für die geradezu selbstverständlich gewordene historische Gestimmtheit, in der wir heute künstlerischen Schöpfungen gegenübertreten. Wir wissen, daß Beethovens Neunte Symphonie in einem bestimmten musikgeschichtlichen und geistesgeschichtlichen Zusammenhang entstanden ist und nur aus diesem Zusammenhang historisch zu verstehen ist. Und doch bedeutet ja die Neunte Symphonie für unser Verstehen mehr als ein System von historischen Rekonstruktionsaufgaben. Es ist eben, wie Sie mich ganz richtig zitiert haben, nicht ein erst noch zu deutendes Zeugnis von etwas, sondern das Werk selber spricht uns an – wie seine ersten Hörer. Wir hören Beethovens Musik. Und im Hören liegt wahre Teilhabe, die sich in dem Begriff der Zugehörigkeit ausspricht. Daß sie sich auf immer neue Weise bewährt, ist selbstverständlich. Zum Vorteil der Verständlichkeit füge ich das freilich gerne hinzu.

Dutt: Wie verhalten sich eigentlich Klassizität und Modernität zueinander? Ich frage das jetzt mit einer Reminiszenz, die nicht mehr das Kapitel über das Klassische betrifft, sondern Ihr späteres Bändchen über *Die Aktualität des Schönen.* Sie kritisieren dort bestimmte Vereinseitigungen in unserem Kunstverhältnis: den „historischen Schein" einerseits, den „progressiven Schein" andererseits.

Gadamer: Im Grunde wird da derselbe Irrweg nach entgegengesetzten Richtungen begangen: Hier unter-

12 *Die Aktualität des Schönen,* S. 60.

schätzt man das Alte, dort hält man das Neue und Neueste für Aberrationen. In beiden Fällen verbaut man sich dadurch gerade den Blick für das, für das man sich zu entscheiden glaubt. In Wahrheit haben wir nämlich das eine nur mit dem anderen: Im Horizont unserer Erfahrungen mit der Moderne wird die große Kunst der Vergangenheit zum herausfordernden Thema – und umgekehrt. Man muß auch hier – wie überall – zusammensehen. Das gilt vor allem für die theoretische Verständigung. Wenn man der Kunstsituation der Gegenwart gerecht werden will, dann darf man sich nicht bei der Beschreibung der zeitgenössischen Produktion beruhigen, sondern man muß sich der Gleichzeitigkeit des Alten und Neuen stellen, die uns überall umgibt und die ganz gewiß nicht erst seit der Heraufkunft der sogenannten Postmoderne in die Produktion des Neuen selber hineinwirkt. Hier warten schwierige Denkaufgaben auf uns.

Dutt: Und wie beschreibt man das Verhältnis von Klassizität und Modernität angesichts dieser Gleichzeitigkeit?

Gadamer: Das ist ganz einfach zu beantworten: Das Moderne, das veraltet, wird nicht klassisch. Das ist die Antwort.

Dutt: Ich möchte noch einmal auf Derrida zurückkommen. Sie haben über die Begegnungen in Paris und Heidelberg, über Derridas Sperrigkeit im Dialog gesprochen. Mich interessiert vor allem die Sache, um die es zwischen seiner Dekonstruktion und Ihrer Hermeneutik geht. Ein Thema, das bei ihm wie bei Ihnen eine ausgezeichnete Stellung hat, ist das Verhältnis von Sprache und Bedeutung, Wort und Sinn. Zur Vorbereitung unseres Gesprächs habe ich den dritten Teil von *Wahrheit und Methode* noch einmal einigermaßen gründlich gelesen. Was ich da über die „Dialektik des Wortes"[13] und über die „spekulative Struktur der Sprache"[14] gelesen habe – daß „die endlichen Möglichkeiten des Wortes dem gemeinten Sinn wie einer Richtung ins Unendliche zugeordnet sind"[15], daß aufgrund der „lebendigen Virtualität des Redens" in jedem Wort „eine innere Dimension der Vervielfachung" aufbricht[16], daß Sprache somit nicht Mimesis eines vorgegebenen Sinns, sondern ein stets vorbehaltliches „Zur-Sprache-kommen" ist, in dem sich Sinn „ansagt"[17] –, das scheint mir doch nicht so weltenweit entfernt von jenen – von Gasché sehr gut so bezeichneten – Infrastrukturen[18], die Derrida im ersten Teil der *Grammatologie* zur Dekonstruktion des transzendentalen Signifikats der logozentrischen Metaphysik ins Licht gestellt hat.

„Es gibt kein erstes Wort. (. . .) Es liegt immer schon ein System von Worten dem Sinn jedes Wortes zugrunde." Das steht in Ihrer Arbeit „Sprache und Verstehen"[19], einer wichtigen, wie ich finde viel zu wenig beachteten Arbeit, in der Sie zeigen, daß jenes „System von Worten" nicht mit der semantischen Abstraktion stabiler Kontexte verwechselt werden darf, sondern die immer vorläufige Bewegung des Sprechens und Weitersprechens ist: „Was allein Sprache ausmacht, ist, daß ein Wort das andere gibt, ein jedes Wort von dem anderen Worte sozusagen her-

13 *Gesammelte Werke,* Band 1, S. 462.
14 Ebd., S. 478.
15 Ebd., S. 473.
16 Ebd., S. 462.
17 Ebd., S. 478.
18 Rodolphe Gasché, *The Tain of the Mirror: Derrida and the Philosophy of Reflection,* Cambridge 1986.
19 *Gesammelte Werke,* Band 2, S. 184–198; hier S. 196.

beigerufen wird und seinerseits selber den Fortgang des Redens weiter offen hält."[20] Um es mit Derridas schöner Curtius-Erinnerung zu sagen: Die logozentrische „Idee des Buches", der „schon konstituierten Totalität des Signifikats"[21], haben Sie zwar nicht auf das Spiel des Textes hin überschritten, – und doch haben Sie sie auf Ihre Weise überschritten: in das Spiel des Gesprächs. Sehen Sie nicht auch Überschneidungen bestimmter Theoriestränge bei Derrida und Ihnen selbst?

Gadamer: Ich habe insofern gewisse Schwierigkeiten mit dieser Frage, als ich Derrida und mich selber durch den Theoriebegriff nicht gut beschrieben finde. Den späteren Derrida schon gar nicht!

Dutt: „He drops theory", – das sagt Rorty[22].

Gadamer: Und da hat Rorty recht! Derrida bewegt sich *in* der Dekonstruktion.

Aber gut, wenn ich den Theoriebegriff mit Vorbehalt aufnehme, dann ist klar, daß sich Derrida im Grunde in *La voix et le phénomène* durchformuliert hat. Nun sind wir in Deutschland auf einem ähnlichen Punkt im Jahre 1924 gewesen. Ich erinnere mich noch sehr gut, wie ich damals mit Löwith zusammen die *Logischen Untersuchungen* genau mit der Kritik las, die Derrida vierzig Jahre später auf seine Weise auch gefunden hat. Wir hatten damals Humboldt im Kopf, Derrida hat sich von Peirce inspirieren lassen. Sicherlich, – *La voix et le phénomène* und *De la grammato-*

---

20 Ebd., S. 197.

21 *Grammatologie,* übers. von Hans-Jörg Rheinberger und Hanns Zischler, Frankfurt am Main ^{2}1988, S. 35.

22 Richard Rorty, „From ironist theory to private allusions: Derrida", in ders., *Contingency, irony, and solidarity,* Cambridge 1989, S. 122–137; hier S. 125.

logie enthalten vieles, das ich ganz positiv sehe. Aber damit fängt ein Dialog doch erst an. Sie haben den Schluß meines Aufsatzes über „Destruktion und Dekonstruktion“ zitiert: Es geht mir um ein Gespräch, auf das sich Derrida leider nicht einläßt. Warum er das nicht kann, weiß ich nicht. Was er argwöhnt ist, daß ich mit dem Verständigungswillen, mit der Verständigungsbereitschaft, die in der Tat in jedem Gespräch vorausgesetzt ist, das transzendentale Signifikat in das Geschehen des Rede- und Antwortstehens hineinzaubere. Das will ich jedoch nicht tun! Die Dialektik des Wortes, die Sie zu Recht angeführt haben, rührt ja gerade von der Unverfügbarkeit des nächsten Wortes her, die ich nie bestritten, sondern im Gegenteil mit besonderem Nachdruck betont habe. Das Gespräch ist das Spiel der Sprache. Die Gesprächsbereitschaft ist nur der Einstieg in dieses Spiel, nicht der unsinnige Versuch, es in Grenzen zu halten.

Dutt: Vielleicht darf ich hier eine der Fragen aufnehmen, die Derrida in Paris formuliert hat. Er hat Sie damals gefragt, was denn im Gespräch eine Kontexterweiterung, „an ‚enlargement of context‘“ sei: „Would it be a continual expansion, or a discontinuous re-structuring?“[23]

Gadamer: Ich kann nur antworten: Das weiß ich selber nie. Kann ich das wissen? Ist das nächste Wort nicht unverfügbar?

Dutt: Trifft Sie der Vorwurf, daß *Wahrheit und Methode* eine der letzten Großformulierungen des logozentrischen Diskurses sei?

---

23 *Dialogue and Deconstruction,* a.a.O., S. 53.

Gadamer: Ich würde den, der diesen Vorwurf erhebt, um die Lektüre des Buches bitten. Ich würde versuchen, mit ihm ein Gespräch zu beginnen. – Nein, ich glaube von Heidegger gelernt zu haben, daß das Urteil und die Form des Satzes nicht die Form ist, in der sich Philosophie abspielt. Meine eigenen Versuche würde ich deswegen eher auf die Formel bringen: nicht gegen die Sprache, sondern mit der Sprache denken.

Dutt: Im Zentrum von „Text und Interpretation", der Ausarbeitung Ihres Pariser Vortrages, steht eine Theorie der Lektüre literarischer oder, wie Sie zu sagen vorziehen, *eminenter* Texte. Will man Ihre Denkversuche zur Ästhetik im entfaltetsten Stand kennenlernen, ist die Beschäftigung mit dieser Theorie unerläßlich. „Nirgends sonst wird", wie Sie sagen, „die Mitarbeit des Aufnehmenden so sichtbar gefordert wie von der sprachlichen Kunst. Das Lesen ist insofern die eigentliche und die repräsentative Form, in der der Anteil des Aufnehmenden an der Kunst zum Greifen kommt."[24] Dieser Grundeinsicht entsprechend ist die in „Text und Interpretation" ausgeführte Theorie des Lesens als eine Theorie des ästhetischen Verstehens ausgeführt. Sie beschreibt die Besonderheit jener Verstehensprozesse, deren Ort die Begegnung mit Kunstwerken, sprachlichen wie nicht-sprachlichen Kunstwerken, ist. Vielleicht können wir die Elemente dieser Beschreibung in ihrem Zusammenhang erörtern.

Zunächst sollten wir jedoch an die wichtigsten Theorieschritte erinnern, die Sie auf dem Weg zu den Formulierungen von „Text und Interpretation" im Bereich der philosophischen Ästhetik getan haben.

24 „Ende der Kunst?", in *Das Erbe Europas,* S. 82.

Die im ersten Teil von *Wahrheit und Methode* entworfene Ontologie des Kunstwerks versteht sich als Korrektiv der formalistischen Implikationen der Erlebnisästhetik, der Sie einen unzulänglichen, nämlich um die hermeneutische Dimension verkürzten Begriff ästhetischer Erfahrung zur Last legen. Die Zusammenfassung Ihrer Analysen lautet dementsprechend in programmatisch zugespitzter Formulierung: *„Die Ästhetik muß in der Hermeneutik aufgehen.“*[25] Was hat es mit diesem Anspruch auf sich?

Gadamer: Nun, wenn man von ästhetischer Erfahrung redet, dann nimmt man für gewöhnlich an, es komme dabei nicht auf die Inhalte an, es komme vielmehr auf die Form an, – nur auf die Gestaltungsqualität eines Kunstwerkes. Aus dieser Meinung lebt der Formalismus der Ästhetik, der, wenn er nicht wie von Hegel durch eine Inhaltsästhetik dialektisch überformt wird, die Diskussion variantenreich beherrscht. Darauf bezieht sich der von Ihnen zitierte Satz, mit dem ich freilich nicht eine Inhaltsästhetik nach Hegelschem Vorbild fordere. Ich behaupte vielmehr, daß ein Kunstwerk dank seiner Gestaltungsqualität uns etwas zu sagen hat, durch das Fragen geweckt oder auch Fragen beantwortet werden. Ein Kunstwerk „sagt einem etwas“, – das ist nicht eine leere Redensart, sondern diese Formulierung, die sich nicht ohne Grund immer wieder in unserer durch die Begegnung mit Kunstwerken gestifteten Kommunikation einstellt, bezeichnet sehr genau die Wirklichkeit der Erfahrung von Kunst, die unter den Abstraktionen der Erlebnisästhetik verschattet blieb. Ein Kunstwerk „sagt einem etwas“, – darin liegt die Betroffenheit durch das Gesagte und die Aufgabe

25 *Gesammelte Werke,* Band 1, S. 170.

über das Gesagte immer wieder nachzudenken, um es sich selbst und anderen verständlich zu machen. Ich möchte also festhalten: Die Erfahrung von Kunst ist Sinnerfahrung und als solche ist sie eine Leistung des Verstehens. Insofern geht die Ästhetik in der Tat in der Hermeneutik auf.

Dutt: Es ist in Ihrer Antwort schon angeklungen, daß der Theorieeinsatz beim verstehenden Charakter der ästhetischen Erfahrung nicht zu einer Neuauflage der idealistischen Ästhetik führen soll. In *Wahrheit und Methode* zollen Sie Hegels Ästhetik-Vorlesungen zwar Bewunderung dafür, daß sie die Sinnorientierung, die „in aller Erfahrung von Kunst liegt, zur Anerkennung gebracht und zugleich mit dem geschichtlichen Bewußtsein vermittelt" haben[26]. Der idealistischen Systemkonsequenz freilich, mit der Hegel die semantischen Angebote einer auf seinen Diskurs hin abschlußhaft durchkonstruierten Weltkunstgeschichte begrifflich erfassen und hinter sich lassen will, folgen Sie nicht. Die Erfahrung von Kunst könne keine theoretische Überbietung zulassen – so wenig wie das Verstehen der religiösen und der historischen Überlieferung. In Ihrem 1977 erschienenen Bändchen *Die Aktualität des Schönen* ist das zu einer grundsätzlichen und nun eigens auf das Thema der ästhetischen Erfahrung bezogenen Kritik gesteigert. Motive aus Heideggers Kunstwerk-Aufsatz aufgreifend, zeigen Sie, daß die idealistische Ästhetik die Eigenart der Erfahrung von Kunst insofern verfehlt, als sie diese als „reine Sinnintegration"[27] beschreibt. Die idealistische Ästhetik übersieht den „Wider-

26 *Gesammelte Werke,* Band 1, S. 103.
27 *Die Aktualität des Schönen,* S. 45.

stand" des ästhetischen Objekts, den „Widerstand des Werkes"[28].

Gadamer: Ja! Ich habe das damals an dem berühmten Wort erläutert, in dem Hegel das Kunstschöne als das sinnliche Scheinen der Idee definiert. In dieser Definition ist offenbar vorausgesetzt, daß man über die Art des Erscheinens, über die sinnliche Darstellungsweise hinausgehen kann und daß der philosophische Gedanke, der die Idee denkt, die höchste und angemessenste Form von Wahrheit ist. Beschreibt man das ästhetische Verstehen nach diesem Modell, so meint man, daß jene erste Betroffenheit, von der ich eben sprach, die erste unbestimmte Sinnerwartung, durch die uns ein Kunstwerk bedeutsam wird, eine feste semantische Erfüllung finden könne, so daß wir dann das Sinn-Ganze ein für alle Mal verstanden hätten und sozusagen in unseren Besitz gebracht hätten. Wäre es so, dann wäre das Werk der Kunst ein bloßer Sinnträger, etwa wie ein Brief oder eine Zeitungsnotiz, die wir zur Seite legen, wenn wir die Nachricht verstanden, wenn wir das Sinn-Ende erreicht haben. Von dieser Art ist unser Verstehen von Kunst offenkundig nicht. Jeder weiß das aus seinen eigenen Begegnungen mit Kunst, aus seinen Museumsbesuchen und Konzertbesuchen und aus seiner Lektüre.

Man hat den Sinn nicht so, daß man von einer Übertragung von Sinn sprechen könnte. Der Sinn eines Kunstwerks kann nicht übertragen werden. Ein Kunstwerk muß *da* sein. Sinnträger können Sie ersetzen. Sie können den Inhalt eines Briefes am Telefon weitersagen, sie können eine Zeitungsnotiz paraphrasieren. Ein Gedicht können Sie nicht paraphrasieren.

---

28 Ebd.

Sie können es nicht ersetzen! Aber Sie können es auswendiglernen, damit es *da* ist und immer wieder *da* ist. Der Begriff des ästhetischen Objekts scheint mir übrigens ganz ungeeignet zu sein. Wenn uns ein Werk erreicht, dann ist da nichts mehr von einem Objekt, das uns gegenüber ist, das wir übersehen und auf eine begriffliche Sinnintention hin durchsehen. Es ist umgekehrt: Das Werk ist ein Ereignis. Es erteilt uns einen Stoß, es stößt uns um, indem es eine eigene Welt aufstellt, in die wir gleichsam hineingezogen werden. Heidegger hat diese Ereignishaftigkeit des Werkes in seiner Abhandlung über den Ursprung des Kunstwerkes überzeugend beschrieben[28a]. Er hat die Spannung erkannt, die das Kunstwerk auszeichnet, wenn es eine Welt aufstellt und sie zugleich in seine ruhende Gestalt hineinstellt und festmacht. Es ist diese Doppelbewegung, in der der Widerstand des Werkes gegen den sich überlegen glaubenden Anspruch auf reine Sinnintegration besteht. Heidegger hat das als den Streit von Welt und Erde im Kunstwerk bezeichnet und, wie ich meine, damit in der Tat die idealistische Interpretation der Kunst überwunden. Das Verstehen erfährt im Dasein des Werkes die Tiefe und Unergründlichkeit seines Sinnes.

Dutt: Sie selbst haben in diesem Zusammenhang den Vorschlag gemacht, das Wort „Werk“ durch das Wort „Gebilde“ zu ersetzen.

Gadamer: Ja, um eben dies hervorzukehren, daß ein Gebilde sich wie von innen heraus zu seiner eigenen Gestalt bildet und *da* ist, als es selbst und nur als es selbst – und nicht etwa als eine Konstruktion zu der es einen Konstruktionsplan gäbe. Nein, – ein Gebilde ist

---

28a *Der Ursprung des Kunstwerkes,* Stuttgart 1960. [Mit einer Einführung von Hans-Georg Gadamer.]

gerade nicht konstruiert. Das schließt ein, daß alle unsere Konstruktionen, auch alle Verstehensversuche, die wir an das Gebilde wenden, wieder zurückgenommen werden müssen. Wir müssen immer wieder neu auf das Gebilde zurückkommen.

Nehmen Sie zum Beispiel diesen Poliakoff, der nun schon seit dreißig Jahren an seinem Platz hängt. Meine Schüler haben ihn mir zu meinem sechzigsten Geburtstag geschenkt. Seit über dreißig Jahren sehe ich das Bild. Und immer wieder, wenn ich dort sitze, wo Sie jetzt sitzen, werde ich nachdenklich, und ich frage mich: Was sehe ich da eigentlich? Ich sehe immer wieder hin, schreibe aber keine Interpretation. Was sehe ich also? Was sagt es eigentlich? Je ne sais quoi. Da sehe ich rechts ein schwarzes Kreuz, ein halbes Kreuz, das meinen Blick hält. Und weiter links erscheint eine rote Fläche, die zum linken Bildrand hin eine Figur fast wie ein Haupt sehen läßt. Das könnte ein Haupt im Profil sein. Vielleicht. So redet das Bild ständig mit mir. Ich sehe immer wieder hin. Es zwingt mich, immer wieder zurückzukommen.

Dutt: Vielleicht darf ich das als Stichwort auffassen und nunmehr zu „Text und Interpretation“ fragen. Dort ist dieses Wort vom Zurückkommen für die Eigentümlichkeit literarischer bzw. eminenter Texte ja geradezu definitorisch gebraucht. Während Texte sonst, in unserer alltäglichen Erfahrung, immer nur „eine Phase im Vollzug eines Verständigungsgeschehens“ sind, „stehen“ sprachliche Kunstwerke „in sich selbst“[29]. Sie „sind immer erst im Zurückkommen auf sie eigentlich da“[30] und stehen so der Lektüre im strengsten Sinne immer noch bevor. Für den Akt des

29 *Gesammelte Werke,* Band 2, S. 357.
30 Ebd., S. 351.

Lesens bedeutet dies nun offenbar etwas anderes, als einen Zuwachs an Verständnisschwierigkeiten. Verständnisschwierigkeiten gibt es ja auch bei anderen Texten, zum Beispiel bei wissenschaftlicher Prosa. Vielmehr erfährt, wenn ich Sie richtig verstanden habe, das Lesen in der Begegnung mit literarischen Texten eine Änderung an ihm selbst.

Gadamer: Nun, zunächst einmal dies: Lesen ist Verstehen. Wer nicht versteht, liest nicht, sondern er buchstabiert bloß und liest Wörter ab. Beim lauten Lesen, das die Aufgabe des wirklichen Vorlesens verfehlt, merkt man das: Man versteht selbst kaum etwas von dem, was da zu hören ist. Freilich ist das die Ausnahme. In der Regel versteht ein Leser seinen Text, jedenfalls so weit, daß er ganz auf das gerichtet ist, *was* der Text sagt. Bei dem Versuch, Verständnisschwierigkeiten auszuräumen, läßt sich das gut beobachten. Man schlägt etwa ein Wort, das man nicht kennt, im Lexikon nach und geht dann weiter. Solange ist ein Text in der Tat nur Sinnträger, wie ich das vorhin genannt habe. Was nur Sinnträger ist, verschwindet, sobald einem der Sinn aufgegangen ist. Literarische Texte verschwinden aber nicht, wenngleich selbstverständlich auch für sie gilt, daß alle Rede einen Sinn hat, den man verstehen muß. Im literarischen Text tragen die Worte den Sinn der Rede, den der Leser in pragmatischer Einstellung zu erkennen sucht, in sich. Sie gehen in einer bloßen Weitergabe nicht auf. Die Worte eines literarischen Textes präsentieren sich selbst, in ihrem Wortlaut, in ihrer eigenen Klangwirklichkeit und in einer Bedeutungsfülle, die über die durch den Redekontext gegebene Bedeutungsbegrenzung hinausspielt.

Für das, was wir Literatur nennen, ist – selbstverständlich in verschiedenen Abstufungen – ein sehr besonderes Widerspiel charakteristisch, das zwischen Sinnintention und Selbstpräsentation der Sprache spielt. Das finden wir sonst nicht – und das hat für die Lektüre natürlich Konsequenzen! So geht es mir darum zu zeigen, daß sich das Verhältnis von Text und Interpretation von Grund auf ändert, wenn es sich um literarische Texte handelt. Deshalb spreche ich von *eminenten* Texten. Damit meine ich etwas ganz Präzises, nämlich einen Text, der durch das Verwebtsein der einzelnen Fäden wirklich nichts Herauslösbares hat, also ein wirklicher Text ist, so daß alle Herauslösungen von Fäden, die man sonst in der Interpretation vornimmt, Wieder-Einverwebung verlangen. Solches Wieder-auf-den-Text-Zurückkommen heißt in Wahrheit, den Text sprechen zu lassen.

Dutt: Wenn ich den Argumentationsgang der Arbeit, von der wir jetzt reden, richtig verfolgt habe, dann ist die Pointe doch die, daß dieses Zurückkommen oder Zurückmüssen – Sie sagen einmal sogar, daß man „zurückgeworfen" werde[31] – den Erfahrungsgehalt des Lesens selbst ausmacht und nicht etwa aus einer nachträglichen Beobachtung folgt, die man bei einer späteren Lektüre macht oder auch nicht macht.

Gadamer: Ich habe ja vorhin schon auf die Spannung von Konstruktion und Gebilde hingewiesen. Das Wort „Konstruktion" bzw. das Wort „konstruieren" kennt man aus dem altsprachlichen Unterricht. Da muß der Schüler den Satz konstruieren, um die Satzteile in ihrer Bedeutung zu verstehen. Wenn er richtig konstruiert hat, geschieht das schlagartig. Die hermeneutische Bewegung an einem Text – das Lesen – läßt sich damit durchaus vergleichen. Man konstruiert die

31 Ebd., S. 358.

Teile, die man aufnimmt, auf die Sinneinheit des Ganzen hin. Man folgt einer Sinnerwartung, die man bis zum Zusammenschluß des Ganzen festhält und die man allerdings immer berichtigen muß, wenn der Text es fordert. Es kann kein Zweifel sein, daß diese Grundstruktur der hermeneutischen Bewegung, die bei jedem Lesen vorliegt, auch im Falle literarischer Texte mitspielt. Auch hier geht das Verstehen auf die Einheit des Gebildes.

Aber gleichwohl ist es nicht so, daß wir die Sinnlinie eines literarischen Textes auf ein Sinn-Ende hin durcheilen. Wir halten vielmehr immer wieder ein, kommen zurück und entdecken jeweils neue Sinnbezüge und Klangbezüge, die uns die Selbstpräsentation der Sprache aufschließt. Wir halten nicht nur ein, wir kehren die natürliche Bewegungsrichtung des Lesens gleichsam um. Wir blättern zurück, wir geraten ins Lesen und kommen immer tiefer in die Welt des Gebildes hinein. In der Tat kann man geradezu sagen, daß wir zurückgeworfen werden, aber nicht etwa weil wir scheitern, sondern weil diese Welt aus Sinn und Klang von so unerschöpflicher Fülle ist, daß sie uns nicht mehr losläßt.

Dutt: In „Text und Interpretation“ sprechen Sie vom „Volumen“[32] eines literarischen Textes.

Gadamer: Ja, gerade dies macht das Volumen eines Textes: die Fülle wechselnder Klangwirklichkeiten und Sinnbezüge, die nicht in der bloßen Sinnteleologie aufgehen.

Dutt: Wenn man dieses Volumen nicht nur als eine Art Ausschmückung oder Untermalung interpretieren möchte, sondern als Erfahrungsdimension des

---

32 Ebd., S. 353 u. ö.

ästhetischen Verstehens ernst nimmt, muß man dann nicht zu dem Schluß kommen, daß die hermeneutische Identität, die das sinnorientierte Lesen im Nachziehen der Sinnlinie eines Textes ausbildet, im Falle literarischer Texte eine gebrochene Identität ist? Wird die hermeneutische Identität durch das, was Sie Volumen nennen, nicht ständig über die Grenzen ihrer Selbigkeit hinausgeführt, und kommt nicht gerade dies im Lesevorgang zur Erfahrung?

Gadamer: Das mag wohl sein. Doch – ist es denn wirklich bei solchen Texten nur ein sinnorientiertes Lesen? Ist es nicht ein Singen? Der Prozeß, in dem ein Gedicht spricht – nur von einer Sinnintention getragen? Spricht nicht aus ihm gleichzeitig eine Vollzugswahrheit? Das ist die Aufgabe, die das Gedicht stellt! Oder das Bild, das nicht bloßes Abbild ist. In Band 8 der *Gesammelten Werke,* der dieses Jahr erscheinen wird, habe ich das, was hier „Vollzugswahrheit" heißt, in zwei neuen Arbeiten herausgearbeitet[32a].

Dutt: Dem Kunstwerk, das als unergründliches Gebilde erfahren wird, ordnen Sie das Verweilen zu: Das Verweilen ist die Zeitgestalt der Kunsterfahrung.

Gadamer: In der Tat ist die Zeitdimension, die mit der Kunst verbunden ist, grundlegend. An ihr wird klar, was die Abhebung gegenüber den pragmatischen Bereichen des Verstehens ist. Die „Weile" hat diese besondere temporale Struktur – eine Zeitstruktur der Bewegtheit, die man doch nicht als Dauer interpretieren kann, weil Dauer immer nur das Fortschreiten in einer Richtung meint. Aber das ist in der

---

32a „Wort und Bild – 'so wahr, so seiend'", S. 373–399; „Zur Phänomenologie von Sprache und Ritual", S. 400–440.

Kunsterfahrung nicht bestimmend. Indem wir verweilen, bleiben wir bei dem Kunstgebilde, das als Ganzes immer reicher und vielfältiger wird. Das Volumen nimmt unendlich zu – und deshalb lernen wir am Kunstgebilde das Verweilen.

Dutt: Der Terror der Kulturindustrie hat im letzten Jahrzehnt eine neue Stufe erreicht. Durch die Videotechnik und die Zulassung des sogenannten Privatfernsehens ist tatsächlich Dauerbeschuß der Konsumenten möglich geworden. Die Explosion der Reize geschieht ohne die früheren Pausen. Auch wenn man viel Diskursaufwand treibt, um in das, was da abläuft, eine nachmoderne Legitimation hineinzulegen – das Verweilen hat darin keinen Ort mehr. In Ihrer Gedenkrede auf Heidegger haben Sie von einer „absterbenden ästhetischen Kultur"[33] gesprochen. Verschwindet das Verweilen?

Gadamer: Das ist schon möglich – wahrscheinlich ist es nicht. Man gibt sich doch nicht selber auf! Ich glaube, daß die kreativen Köpfe der Gesellschaft sich davon freihalten oder freimachen werden. Schließlich wird man es nicht mehr aushalten, das zu tun, was alle anderen in der sogenannten Freizeit tun. Nein – ich glaube, die Weile ist etwas, das es immer geben wird. Sonst wird der Fortriß zum Neuen allzu langweilig.

---

33 „Sein Geist Gott", in *Gesammelte Werke,* Band 3, S. 320–332; hier S. 330.

III

Dutt: In Ihren neueren Arbeiten, den Texten der siebziger und achtziger Jahre, legen Sie besonderes Gewicht auf die Verbindung von Hermeneutik und praktischer Philosophie. Der Grund zu dieser Konzeption ist in *Wahrheit und Methode* durch eine Interpretation der aristotelischen Ethik gelegt. Was heißt praktische Philosophie in der Tradition des Aristoteles und worin besteht die Strukturverwandschaft mit der Hermeneutik?

Gadamer: Zunächst muß man sich bei dem Wort „Praxis“ im klaren sein, daß hier kein zu enges Verständnis – etwa im Sinne der praktischen Anwendung wissenschaftlicher Theorien – entstehen darf. Die uns geläufige Gegenüberstellung von Theorie und Praxis legt das zwar nahe, und sicherlich gehört auch die Anwendung von Theorien zu unserer Praxis. Aber das ist nicht alles. „Praxis“ meint mehr. In dem Wort liegt das Ganze unserer praktischen Angelegenheiten, alles menschliche Handeln und Verhalten, die Selbsteinrichtung der Menschen in dieser Welt insgesamt – also auch ihre Politik, die politische Beratung und Gesetzgebung. Unsere Praxis – das ist unsere Lebensform. Und in diesem Sinne ist sie das Thema der praktischen Philosophie, die Aristoteles begründet hat.

Aristoteles stand die griechische Polis vor Augen, die Praxis ihrer freien Bürger, an der er gezeigt hat, wie das im Unterschied zu den Lebensordnungen der Tiere nicht vorgeprägte, nicht instinktgesicherte Miteinander-Leben der Menschen dennoch geordnet verläuft, sofern es mit Vernunft geführt wird. Diese

die Praxis leitende Vernünftigkeit heißt bei Aristoteles *Phronesis*. Sie bewährt sich nur in der konkreten Situation und steht überdies immer schon in einem lebendigen Zusammenhang von gemeinsamen Überzeugungen und Gewohnheiten und Wertungen – in einem *Ethos*.
Und hier kommt nun das hermeneutische Problem hinein, nach dem Sie fragen. Was nämlich in der konkreten Situation, in der Sie sich befinden – die mit anderen Situationen gewiß manche Ähnlichkeit haben kann, die aber doch diese sehr besondere Situation ist, in der Sie stehen –, was da vernünftig ist, was im Sinne des Rechten zu tun ist, das schreiben die Ihnen mitgegebenen allgemeinen Orientierungen über Gut und Böse gerade nicht so vor, wie zum Beispiel eine technische Gebrauchsanweisung den Umgang mit einem Gerät vorschreibt, sondern das Zu-Tuende müssen sie selber bestimmen. Und dazu müssen Sie sich über Ihre Situation verständigen. Sie müssen interpretieren. Das ist die hermeneutische Dimension der Ethik und der praktischen Vernunft. Hermeneutik ist die Kunst der Verständigung. Und nun sehen Sie sofort, daß diese Verständigung über unsere praktischen Situationen und das darin Zu-Tuende keine monologische Angelegenheit ist, sondern Gesprächscharakter hat. Man hat es miteinander zu tun! Unsere Lebensform hat Ich–Du-Charakter und Ich–Wir-Charakter und Wir–Wir-Charakter. Wir sind in unseren praktischen Dingen auf Verständigung angewiesen. Und Verständigung geschieht im Gespräch.
Dutt: Aristoteles konnte in seiner Ethik allerdings ein stabiles Normengefüge voraussetzen, das den Spielraum des Verhaltens und der Verständigung umgrenzte. Bei uns ist das anders.

Gadamer: Auch bei uns gab es in Zeiten einer mehr oder minder autoritären Erziehung völlig selbstverständliche Sitten, die man unter keinen Umständen verletzen durfte. Das haben wir inzwischen weitgehend abgeschüttelt, und ich finde das in vielem sehr angenehm. Man ist nicht mehr so gegängelt. Aber das Leben ist schwieriger geworden. Darin hat Gehlen mit seinem Neokonservatismus recht gehabt, daß nämlich die Institutionen entlasten.

Dutt: Gehlen war ein Nostalgiker der Institutionen. Er wollte zurück. Weg von der Diskussion, zurück zum Gehorsam.

Gadamer: Das geht gerade nicht! Und deswegen die Besinnung auf die Philosophie der vernünftigen Selbstverantwortung und auf den kommunikativen Charakter unserer Praxis. Wir müssen die Wege selber finden: die Wege der Verständigung und der Solidarität. Ich sehe die Aufgaben der Politik heute in erster Linie darin, daß sie die echten Solidaritäten ins allgemeine Bewußtsein hebt.

Dutt: In den vergangenen Monaten haben sich entsetzliche Dinge bei uns abgespielt. Wenn man die neonazistischen Gewalttäter sieht und die sieht, die ihnen Beifall klatschen, muß einem die Angst kommen, daß menschliche Solidarität bei uns nur brüchige Fassade ist, daß das Gegenteil wieder hervorkommt. Die Opfer der Rassisten erreicht die staatlich nachgetragene Solidarität nicht mehr. Wie können wir in Deutschland zu einer wirklichen Solidarität mit denen finden, die aus Not zu uns kommen? – Ich frage das übrigens unter dem Eindruck Ihrer jüngsten Wortmeldung in *Sinn und Form,* in der Sie sich sehr skeptisch zu Fragen dieses Typs äußern. Ihr Beispiel ist Beaufrets Ethik-Frage an Heidegger. „Es gibt keine konsiliatorische Ethik“[1], sagen Sie.

Gadamer: Nun, in Wahrheit machen wir uns die bestehende Solidarität doch ständig bewußt. Denken Sie an die vielen Menschen, die jetzt auf die Straße gehen, an die Lichterketten, die Demonstrationen und Kongresse! Das sind immerhin Versuche, öffentliche Meinung zu bilden und der bestehenden Solidarität angemessene Präsenz in den Medien zu verschaffen. Wir sind nicht dazu da, Solidaritäten zu erfinden, sondern sie uns bewußt zu machen.

Nach meiner Überzeugung gilt das für das ganze Problem der Ethik. Aristoteles hat darin einfach recht: Wer nicht zu einem wirklichen *Ethos* herangebildet ist – durch sich oder durch andere –, der kann auch nicht begreifen, was Ethik ist. Es handelt sich hier nicht um eine Spezialaufgabe der Philosophie. Es handelt sich um die Verantwortung, die wir alle tragen! Die kleine Arbeit in *Sinn und Form* sagt das: Niemals ist nur der andere schuld. – Nehmen Sie zum Beispiel die Problematik der Atomenergie: Im Grunde ist auch die Bewegung gegen die Atomenergie der Ausdruck einer echten Solidarität. Sie ist zwar auf ziemlich absurde Weise von den verschiedensten Seiten ausgenutzt worden, – selbstverständlich kann man von vornherein sagen, daß zum Beispiel die Wasserwirtschaft oder die Kohleindustrie gegen die Atomenergie sind. Aber solche sekundären Besetzungen und Umleitungen der spontanen Bewegung können die sich in ihr meldende Solidarität nicht in Frage stellen.

---

1 „Über die politische Inkompetenz der Philosophie“, in *Sinn und Form* 45 (1993), S. 5–12; hier S. 11.

Ich bin übrigens überzeugt, daß sich nicht nur der nationalstaatliche, sondern auch der europäische Denkrahmen als überholt erweisen wird. Isolierung ist nicht mehr möglich. Die Menschheit sitzt in einem Kahn, und diesen Kahn müssen wir so steuern, daß er nicht auf die Klippen auffährt. Das Bewußtsein wird wachsen. Das heißt freilich nicht, daß wir nicht noch Blähungen von Nationalismus zu spüren bekommen werden. Vielleicht kann hier der weltweiten Verflechtung der Wirtschaft eine gewisse vorbeugende Funktion zufallen. Die Wirtschaft in Ehren oder Unehren, gewiß ist, daß nur auf dem Wege der wirtschaftlichen Hilfe der Einwanderungsstrom aus den armen Ländern zu stoppen ist. Alles andere ist nicht nur nicht solidarisch, sondern wird sich auch als wenig erfolgreich herausstellen. Solange in Polen, in Rumänien, in Bulgarien und wo immer Mangel herrscht und die Lebensverhältnisse nicht so sind, daß die Leute dort gerne bleiben, solange werden sie kommen. Nun darf man bei diesen grundlegenden Dingen natürlich nicht stehen bleiben. Sie allein begründen keine Solidarität. Solidaritäten erfährt man erst an all den Dingen, die dadurch, daß viele an ihnen teilhaben, nicht verlieren, sondern im Gegenteil gewinnen – wie das auch für all das, was wir Kunst und Kultur nennen, gilt.

Dutt: In Schopenhauers Philosophie ist Solidarität allumfassend, nicht bloß als ein Verhältnis zwischen Menschen verstanden. In allem Lebendigen ist derselbe Wille zum Leben. Das *principium individuationis*, die Disidentität ist Schein. Wir halten uns allerdings an diesen Schein – und an die Tiere und die Natur als an unser Material.

Gadamer: So ganz gehen uns diese Schopenhauerschen Gedanken doch nicht ab! Sehen Sie, der Tierschutz, der Naturschutz und auch der Kinderschutz sind, wie ich glaube, Beispiele, in denen wir echte Solidaritäten spüren, denen wir ja auch institutionellen Halt gegeben haben. Denken Sie an die entsprechenden Gesetze und Verbände, die ein solches Bewußtsein pflegen.

Dutt: Wenn ich Sie richtig verstehe, ist jedoch nicht die Schaffung von Institutionen die Hauptsache, sondern die öffentliche Diskussion dieser Fragen. Der 'Entlastungseffekt' der Institutionen resultiert hier ja doch in nichts anderem als in einer unbekümmerten Die-werden-das-schon-regeln-Haltung, dabei ist die Unterstützungsbedürftigkeit der Verbände gegen die Lobbies der Geschäftemacher offenkundig. Muß man nicht vor allem die öffentliche Diskussion voranbringen?

Gadamer: Ja, aber nicht nur die öffentliche Diskussion. Man muß auch selber etwas tun, und man tut ja auch etwas. Praxis ist Sich-Verhalten, – und das ist ein waches Bewußtsein. Sich-Verhalten ist mehr als Machen. Man ist einer, der *sich* verhält. Darin steckt Selbstkontrolle, Selbstprüfung und Beispiel. Deswegen: *Ethos* ist nicht ohne *Logos,* wie ich an Aristoteles zeige!

Dutt: Ihre Arbeiten zur Aktualität der praktischen Philosophie richten sich gegen die normativistische Moralphilosophie . . .

Gadamer: . . . gegen die Sollensethik, die das hermeneutische Problem übersieht: erst die Konkretisierung des Allgemeinen verleiht ihm seinen bestimmten Inhalt.

Dutt: Sie wenden sich jedoch vor allem gegen einen instrumentalistisch verkürzten Rationalitätsbegriff, gegen die objektiven und subjektiven Formen des „Verfalls der Praxis an die Technik“[2]. Hier wird ihre Philosophie gesellschaftskritisch.

Gadamer: Die Kritik an der instrumentellen Vernunft finden Sie in der Frankfurter Schule ja auch.

Dutt: Auf diese Übereinstimmung wollte ich hinaus.

Gadamer: Ich selber habe immer eine ganze Reihe von Übereinstimmungen gesehen. Wie Sie wissen, wollte ich das Gespräch mit Adorno beginnen. Sein Tod kam dazwischen.

Dutt: Man findet bei Ihnen freilich nicht den Pessimismus, der die späten Texte Adornos und Horkheimers beherrscht. Der Gestus Ihrer Texte ist davon sehr verschieden. Zuversichtlicher.

Gadamer: Ja, gegen jede Art von Pessimismus bin ich wirklich sehr skeptisch. Ich finde, Pessimismus ist immer ein Mangel an Aufrichtigkeit.

Dutt: Warum?

Gadamer: Weil niemand ohne Hoffnung leben kann.

Dutt: Hoffnung auszudrücken heißt aber nicht, in den Chor der Heiterkeitsphilosophen einzustimmen.

Gadamer: Ganz gewiß nicht! Das Negative darf man selbstverständlich nicht verschweigen.

Dutt: Sehr eindringlich haben Sie vor der Aushöhlung gesellschaftlicher Vernunft durch die falschen Ideale der Experten- und Funktionärsgesellschaft gewarnt.

Gadamer: Oh ja, hier liegt eine Gefahr, die wir uns wirklich vor Augen führen müssen und der wir ener-

---

2 „Was ist Praxis? Die Bedingungen gesellschaftlicher Vernunft“ in *Vernunft im Zeitalter der Wissenschaft,* S. 54–77; hier S. 60.

gisch entgegenarbeiten müssen! Natürlich ist der Experte in der hochtechnisierten Industriegesellschaft, in der wir leben, eine gar nicht mehr wegzudenkende Erscheinung. Er ist in den verschiedensten Bereichen unentbehrlich, um die erforderliche Beherrschung komplexer theoretischer und technischer Prozesse zu sichern. Es ist aber ein Irrtum zu meinen, die Experten, die Wirtschaftsexperten oder Umweltexperten oder Militärexperten, könnten uns die gesellschaftliche Praxis abnehmen und uns von den Entscheidungen entlasten, die wir alle miteinander als politische Bürger zu treffen und zu vertreten haben. Und gewiß, wir sind alle in unserer modernen arbeitsteiligen Gesellschaft Funktionäre in dem Sinne, daß wir in unseren Berufen hochspezialisierte Funktionen verwalten. Diese Spezialisiertheit und Eingeordnetheit in eine feststehende Aufgabenstruktur ist jedoch nicht das Ganze unserer gesellschaftlichen Existenz. Das ist nicht die Wahrheit über unsere Lebensform. In Wahrheit besteht unsere Praxis nicht in der Anpassung an vorgegebene Funktionen oder in dem Aussinnen geeigneter Mittel zu vorgebenen Zwecken, – das ist Technik; sondern unsere Praxis besteht darin, gemeinsame Zwecke in gemeinsamer besonnener Wahl zu bestimmen und in praktischer Reflexion auf das in unserer jeweiligen Situation Zu-Tuende hin zu konkretisieren. Das ist gesellschaftliche Vernunft!

Dutt: Ihre Zeitdiagnose verbindet die Kritik negativer Entwicklungen mit dem Blick auf historisch entstandene Ressourcen sozialer Vernunft. Sie nennen die in der antik-christlichen Traditionsgemeinschaft verankerten Semantiken der Humanität und Mündigkeit. Und sie nennen die Diskursformen der Ideologiekritik und der Utopie. Die Neokonservativen verkünden das Ende des Gesellschaftlich-Utopischen. Mit dem Sturz der sozialistischen Diktaturen im Osten sei das hinab. Muß man diesen Bescheid annehmen oder darf man sich weiterhin an Ihre Auskunft aus den siebziger Jahren halten, nach der die Utopie eine für unsere Praxis unabdingbare „Anzüglichkeit aus der Ferne"[3] ist?

Gadamer: Das glaube ich sicherlich, daß dies weiterhin seine Gültigkeit hat. Dieses Wort von der Anzüglichkeit aus der Ferne habe ich übrigens nicht in Zeiten der Freiheit zuerst gesagt, ich habe es im Dritten Reich gesagt. Vielleicht kennen Sie meine Kritik an Popper, meinen Aufsatz „Platos Denken in Utopien"[4]. Darin suche ich zu zeigen, daß es ganz unmöglich ist, angemessen über Plato zu reden, wenn man nicht auch angemessen über Utopien zu reden versteht. Die *Politeia* und die *Nomoi* sind Utopien, und die Utopie war, wie ich in dieser Arbeit gezeigt habe, eine griechische Literatur-Gattung. Und das ist auch ganz klar. Man kann nämlich dort, wo keine wirkliche Redefreiheit herrscht, nur in solchen indirekten Formen Kritik üben. Und eben dies ist ihre primäre Funktion: die Gegenwartskritik, nicht der Handlungsentwurf. Die *Politeia* etwa ist ein klassisches Beispiel für eine Kritik am Nepotismus. Man meint doch nicht im Ernst, daß Plato den Eltern ihre Kinder wegnehmen möchte. Aber er meint in der Tat, daß nicht die Verwandtschaftsgrade für die Machtverteilung bestimmend sein sollen!

---

3 „Was ist Praxis?", a.a.O., S. 67.
4 *Gesammelte Werke,* Band 7, S. 270–289.

Dutt: Sie sprechen von „Reflexionsanweisungen“[5] an die gesellschaftliche Vernunft.

Gadamer: In der Tat! Das sind Texte, die uns wirklich zum Nachdenken bringen, zur Reflexion auf unsere Verhältnisse, – wenn wir nur zu lesen verstehen. Es handelt sich nicht um Aufrufe, hier und jetzt dies oder jenes zu tun. Dies gerade nicht. Bloch hat das ja in seiner Weise sehr eindrucksvoll dargelebt. Die Utopien, die er vorgetragen hat, waren von einer Bildkraft, die der Reflexion wirkliche Antriebe verschafft. Er war natürlich kein echter politischer Kopf, wie wir Gelehrten alle nicht.

Dutt: Er hat dafür gewirkt, daß Politik nicht zur Verwaltung dessen, was ist, verkommt.

Gadamer: Das stimmt. Die utopische Phantasie und die Reflexionsbereitschaft soll man natürlich auf keinen Fall durch Dogmatismus abwürgen, und wenn er sich dadurch noch so sehr den Anschein analytischer Nüchternheit gibt. Das liegt mir wirklich völlig fern. Ich meine, daß wir auch Solidaritäten nur schützen und fortentwickeln können auf der breiten Basis der Meinungsbildung, die nicht von uns – schon gar nicht von den Philosophen – bewußt gesteuert wird, sondern die sich eben aus eigener Kraft ausbildet.

Mein Lieblingsbild ist hier die Schilderung des Feldmarschalls Kutusow bei Tolstoi, – Kutusow vor der Schlacht an der Moskwa, wo er beim Kriegsrat mit der Generalität einschläft und dann aufwacht und nur sagt: „Ja, machen sie das doch so.“ Und dann steigt er auf sein Pferd und reitet in der Nacht im Lager an allen Nachtfeuern rundum vorbei und redet mit den

---

5 „Was ist Praxis?“, a.a.O., S. 70.

einzelnen Leuten. Die Frage ist natürlich: Wer war der Sieger dieser Schlacht? Nun, dahinter steht eine ganze Theorie, die wir alle, wie ich glaube, annehmen müssen: Wir sind nur Integrale. Keiner von uns weiß, wie er in der Integrierung in einen größeren Zusammenhang wirklich Wirkung tut. Das kann aber nicht heißen, daß wir uns keine Gedanken machen sollten, und schon gar nicht, daß unsere Gedanken keine Auseinandersetzung mit Ideologiekritik oder Utopien leisten sollten.

Biographische Notiz

Hans-Georg Gadamer wurde am 11. Februar 1900 in Marburg geboren. Aufgewachsen ist er im schlesischen Breslau, an dessen Universität sein Vater, ein bedeutender Naturwissenschaftler, den Lehrstuhl für pharmazeutische Chemie innehatte. Daß der literarisch interessierte, für das Theater begeisterte Sohn sich hingegen geisteswissenschaftlich orientieren würde, stand von früh an fest. Nach dem Abitur im Frühjahr 1918 studierte Gadamer Germanistik, Geschichte, Kunstgeschichte und Philosophie – zunächst in Breslau, dann in München und Marburg. Das Studium der klassischen Philologie, grundlegend für Gadamers Bemühungen um die Zurückgewinnung und Weitergabe antiker Denkerfahrungen, holte er Mitte der zwanziger Jahre unter der Anleitung von Paul Friedländer nach.

Mit einer bei Paul Natorp, dem Schulhaupt der Marburger neukantianischen Philosophie, angefertigten Dissertation wurde Gadamer 1922 zum Dr. phil. promoviert. Wegweisend für seine philosophische Arbeit wurde indessen nicht der auf erkenntnistheoretische und wissenschaftstheoretische Fragestellungen konzentrierte Neukantianismus, sondern die Begegnung mit der Daseinshermeneutik Martin Heideggers, der 1923 als junger Professor nach Marburg gekommen war. Bei Heidegger habilitierte sich Gadamer 1929.

Nach acht Jahren als Privatdozent wurde Gadamer 1937 zum nichtbeamteten außerordentlichen Professor ernannt. 1939 folgte er einem Ruf auf ein Ordinariat für Philosophie an der Universität Leipzig, deren Rektor er 1946-47 war. Von 1947 bis 1949 lehrte Gadamer in Frankfurt am Main und von 1949 bis zu seiner Emeritierung im Jahre 1968 als Nachfolger von Karl Jaspers in Heidelberg.

Hans-Georg Gadamer ist Mitglied zahlreicher wissenschaftlicher Akademien des In- und Auslandes. Er ist Träger des Reuchlin-Preises der Stadt Pforzheim (1971), des Sigmund-Freud-Preises der Deutschen Akademie für

Sprache und Dichtung (1979), des Hegel-Preises der Stadt Stuttgart (1979), des Karl-Jaspers-Preises der Universität Heidelberg (1986) und seit 1971 Ritter des Ordens *Pour le Mérite.* 1993 wurde Hans-Georg Gadamer das Großkreuz des Verdienstordens der Bundesrepublik Deutschland verliehen.

Veröffentlichungen von Hans-Georg Gadamer

Gesammelte Werke. Tübingen: J.C.B. Mohr (Paul Siebeck), 1985-1995.

Band 1: Hermeneutik I – Wahrheit und Methode. Grundzüge einer philosophischen Hermeneutik. ^{6}1990 (^{1}1960).

Band 2: Hermeneutik II – Wahrheit und Methode. Ergänzungen, Register. 1986.

Band 3: Neuere Philosophie I. Hegel, Husserl, Heidegger. 1987

Band 4: Neuere Philosophie II. Probleme und Gestalten. 1987.

Band 5: Griechische Philosophie I. 1985.

Band 6: Griechische Philosophie II. 1985.

Band 7: Griechische Philosophie III. Plato im Dialog. 1991.

Band 8: Ästhetik und Poetik I. Kunst als Aussage. 1993.

Band 9: Ästhetik und Poetik II. Hermeneutik im Vollzug. 1993.

Band 10: Hermeneutik im Rückblick. 1995.

Platos dialektische Ethik. Phänomenologische Interpretationen zum Philebos. Neudruck der ersten Auflage von 1931. Hamburg: Meiner, 1983.

Wer bin Ich und wer bist Du? Ein Kommentar zu Paul Celans Gedichtfolge „Atemkristall". Revidierte und ergänzte Ausgabe. Frankfurt am Main: Suhrkamp, 1986 (^{1}1973).

Vernunft im Zeitalter der Wissenschaft. Aufsätze. Frankfurt am Main: Suhrkamp, ^{3}1991 (^{1}1976).

Philosophische Lehrjahre. Eine Rückschau. Frankfurt am Main: Vittorio Klostermann, ^{2}1995 (^{1}1977).

Die Aktualität des Schönen. Kunst als Spiel, Symbol und Fest. Stuttgart: Reclam, 1977.

Lob der Theorie. Reden und Aufsätze. Frankfurt am Main: Suhrkamp, 1983.

Das Erbe Europas. Beiträge. Frankfurt am Main: Suhrkamp, ^{3}1995 (^{1}1989).

Über die Verborgenheit der Gesundheit. Frankfurt am Main: Suhrkamp, 1993.

Der Anfang der Philosophie. Stuttgart: Reclam, 1996.

Hermeneutische Entwürfe. Tübingen: J. C. B. Mohr (Paul Siebeck), 2000.

DER HERAUSGEBER

Carsten Dutt, M. A., geb. 1963; Studium der Literaturwissenschaft und Philosophie an den Universitäten Tübingen und Konstanz; seit 1997 wissenschaftlicher Mitarbeiter am Philosophischen Seminar der Universität Heidelberg. Veröffentlichungen u.a.: *Herausforderungen der Begriffsgeschichte* (Hg., 2000); im Frühjahr 2001 erscheint: *Gadamer und die Dichter. Poetologische, interpretationstheoretische und interpretationspraktische Konsequenzen einer philosophischen Hermeneutik.*